SUCCESS

MBA、MPA、MPAcc、MEM等
管理类联考、经济类联考

写作决胜
50篇

社科赛斯考研　主编

北京航空航天大学出版社
BEIHANG UNIVERSITY PRESS

内 容 简 介

本书是针对管理类与经济类联考考生以及相关教育工作者推出的应试培训教材,旨在帮助考生从审题方法、提纲框架、论据使用、成文写作和命题规律等五个方面实现显著突破。

全书共分三个部分:第一部分为试题演练篇,分为论证有效性分析试题和论说文试题两个章节;第二部分为试题详解篇,包含第一部分 50 道写作试题的详细解析;第三部分为附录,收录了写作常用标点符号使用方法、199 管理类联考写作历年真题和 396 经济类联考写作历年真题。

图书在版编目(CIP)数据

MBA、MPA、MPAcc、MEM 等管理类联考、经济类联考写作决胜 50 篇 / 社科赛斯考研主编. -- 北京 : 北京航空航天大学出版社,2022.7

ISBN 978 - 7 - 5124 - 3832 - 3

Ⅰ. ①M… Ⅱ. ①社… Ⅲ. ①汉语-写作-研究生-入学考试-自学参考资料 Ⅳ. ①H15

中国版本图书馆 CIP 数据核字(2022)第 115031 号

MBA、MPA、MPAcc、MEM 等管理类联考、经济类联考写作决胜 50 篇
社科赛斯考研 主编
策划编辑 舟宇 责任编辑 孙玉杰
*
北京航空航天大学出版社出版发行

北京市海淀区学院路 37 号(邮编 100191) http://www.buaapress.com.cn
发行部电话:(010)82317024 传真:(010)82328026
读者信箱:bhpress@263.net 邮购电话:(010)82316936
保定市中画美凯印刷有限公司印装 各地书店经销
*
开本:787×1 092 1/16 印张:12.25 字数:274 千字
2022 年 7 月第 1 版 2022 年 7 月第 1 次印刷
ISBN 978 - 7 - 5124 - 3832 - 3 定价:55.00 元

前　言

　　本书是针对管理类与经济类联考考生以及相关教育工作者推出的应试培训教材,旨在帮助考生从审题方法、提纲框架、论据使用、成文写作和命题规律等五个方面实现显著突破。

　　全书共分三个部分:第一部分为试题演练篇,分为论证有效性分析试题和论说文试题两个章节,共包含 25 道论证有效性分析试题和 25 道论说文试题;第二部分为试题详解篇,包含第一部分 50 道写作试题的详细解析;第三部分为附录,收录了写作常用标点符号使用方法、199 管理类联考写作历年真题和 396 经济类联考写作历年真题。本书有以下几个显著特点:

　　(1) **注重学科独特性,规划全年备考。**写作科目是主观型作答题目,注重语文基础、写作规范和作答技巧。教材针对这三个特点,创造性地根据多类型的模拟试题进行学练结合,使考生在模拟做题中巩固知识、检验知识和提升知识。

　　(2) **分类型设置题目,针对性训练提升。**写作与其他学科不同,首先注重的是写作基础,尤其是审题方法和写作技巧。教材针对这两大知识板块,以不同类型的题目进行针对性地训练和提升,强化考生的做题能力和应试技巧。

　　(3) **创造性地提炼考点,注重前后衔接。**本书的主要目的就在于帮助考生快速实现难点突破。教材注重不同学习阶段前后衔接,特别强调各个复习阶段的目标与任务,以及与其他学科备考复习的协同性。

　　(4) **紧扣考试大纲,深研命题规律。**模拟试题的命题严格依据历年考试大纲,同时深研管理类与经济类联考历年真题,挖掘历年真题命题特点与重点,紧密结合当下社会热点,从而打造出具有高度模拟价值的论证有效性分析和论说文试题。

　　(5) **高质量附录,为写作高分保驾护航。**在附录部分,精心整理写作常用标点符号使用方法,避免考生在标点符号部分出现低级使用错误。同时,精心整理写作历年真题,帮助考生实战检验自身写作水平(写作历年真题解析详见《MBA、MPA、MPAcc、MEM 等管理类、经济类联考写作历年真题精讲》)。

　　综上所述,本书针对考生的备考需求,即知识、能力、技巧与方法,从模拟练习入手,引导并帮助考生从根本上实现成文写作的能力提升。通过这样的方式和内容,我们坚信:本教材,考生值得拥有!

编　者

2022 年 5 月于北京

目 录

试题演练篇

上篇 论证有效性分析试题

第1题

论证有效性分析:分析下述论证中存在的缺陷和漏洞,选择若干要点,写一篇 600 字左右的文章,对该论证的有效性进行分析和评论。(论证有效性分析的一般要点是:概念特别是核心概念的界定和使用是否准确并前后一致,有无各种明显的逻辑错误,论证的论据是否成立并支持结论,结论成立的条件是否充分,等等。)

经过持续奋斗,我们如期完成了新时代脱贫攻坚的目标。其实,完成全民脱贫很简单,只要政府加大财政支持力度就可以了。

首先,全面建成小康社会、完成脱贫的任务只是在农村,特别是一些贫困山区。因此,只要农村实现了脱贫,尤其是贫困山区摆脱了贫困,中国就能实现全面脱贫,继而迈向全面小康社会。因此,完成全民脱贫并不难。

其次,到 2020 年,我国现行标准下农村贫困人口已经实现了脱贫,消除了绝对贫困和区域性整体贫困,取得了令全世界刮目相看的重大胜利。由此可以预言,中国最发达地区的城市和最贫困地区的村庄再也不会让人有天壤之别的感觉了。顺利脱贫之后,中国贫困地区与中国发达的东部地区将实现财富均等,中国也将顺利迈进共同富裕阶段。

再次,脱贫攻坚将是一件一劳永逸的事情,只要政府给钱就好了。政府只有加大对贫困地区的财政支持力度,贫困地区的百姓才能永远摆脱贫困,并且过上幸福的生活。

总之,实现全民脱贫并不是一件难事,我们大可不必为此顾虑重重。

第 2 题

论证有效性分析：分析下述论证中存在的缺陷和漏洞，选择若干要点，写一篇 600 字左右的文章，对该论证的有效性进行分析和评论。（论证有效性分析的一般要点是：概念特别是核心概念的界定和使用是否准确并前后一致，有无各种明显的逻辑错误，论证的论据是否成立并支持结论，结论成立的条件是否充分，等等。）

现在人们经常谈论人口出生率的问题，其实解决人口出生率低的问题并不难。

据国家统计局公布的数据显示：2018 年，全年出生人口 1 523 万人，而 2017 年全年出生人口 1 723 万人，出生人口减少了 200 万人。这说明，我国人口出生率的下降并不明显，并没有形成社会性的问题。

对一个国家和地区来说，出生率降低确实是值得重视的问题。对此，我国已经出台了开放二胎、三胎的相关政策，这些政策的出台势必会解决我国人口出生率低的问题。

实际上，造成出生率下降的主要原因是年轻人的工作压力越来越大。譬如所谓的"996"工作制，导致许多年轻人没有办法考虑生孩子的事、没有能力去带孩子，出生率下降也就不可避免了。因此，只要解决年轻人工作压力的问题，取消"996"的工作制，那么我国出生率下降的问题将不复存在。

总之，解决我国人口出生率的问题并不难。对此，我们不必过度关注。

第 3 题

论证有效性分析:分析下述论证中存在的缺陷和漏洞,选择若干要点,写一篇 600 字左右的文章,对该论证的有效性进行分析和评论。(论证有效性分析的一般要点是:概念特别是核心概念的界定和使用是否准确并前后一致,有无各种明显的逻辑错误,论证的论据是否成立并支持结论,结论成立的条件是否充分,等等。)

近日,网络主播薇娅因偷税漏税行为,被税务部门依法追缴税款、加收滞纳金并处罚款,共计 13.41 亿元。税务部门坚持依法依规、宽严相济、过罚相当的原则,在充分考虑其违法行为的事实、性质、情节和社会危害程度等因素的基础上对其进行处罚。因此,只要税务部门加强对直播行业的监管,那么偷税漏税的行为将无处藏身。

作为知名的头部网络主播,薇娅粉丝众多,具有一定的社会影响力。遗憾的是,在依法履行公民纳税义务上,她没有做出应有示范。因此,执法部门应该重点查处直播行业的偷税漏税行为,其他人的税务情况可以先放放。

网络直播收入来源五花八门,收入性质划分存在模糊地带,客观上加大了税收征管难度,这样势必造成大量主播偷税漏税。薇娅之所以偷税漏税,不正是税务部门对直播行业监管不力导致的吗?只有政府部门、平台形成齐抓共管的工作格局,才能有效防止网络主播们偷税漏税行为的发生。

任何商业模式的运行,都必须保障消费者的合法权益,应加强对直播行业的市场监管,这样直播带货等新经济新业态才能得到更长远的发展。只有依法履行各项责任和义务,主播们才有可能实现其商业价值和社会价值的双赢局面。

第 4 题

论证有效性分析：分析下述论证中存在的缺陷和漏洞，选择若干要点，写一篇 600 字左右的文章，对该论证的有效性进行分析和评论。（论证有效性分析的一般要点是：概念特别是核心概念的界定和使用是否准确并前后一致，有无各种明显的逻辑错误，论证的论据是否成立并支持结论，结论成立的条件是否充分，等等。）

近年来，对于广大市场主体来说，减税降费是获得感很强的政策关键词。各地政府相继推出支持——从 2018 年推出深化增值税改革措施，到 2019 年实施更大规模减税降费，再到 2020 年巩固和拓展减税降费成效，推出支持疫情防控和助力复工复产税费优惠政策，减税降费一路护航市场主体前行。因此，疫情之下，减税降费措施的推行，一定会激活企业发展的动力。

今年前三季度，全国各类企业提前享受加计扣除金额 1.3 万亿元，减免税额 3 333 亿元。格外亮眼的成绩，源于研发费用加计扣除政策在今年经历的几次"升级"。政策利好不仅有了"升级版"，还能提前兑现，这样不仅极大减轻了企业负担，还能促进企业积极投身于创新研发。

今年，政策层面继续对中小微企业予以重点关注和倾斜：延长小规模纳税人增值税优惠等部分阶段性政策执行期限，提高小规模纳税人增值税起征点，对小微企业和个体工商户年应纳税所得额不到 100 万元的部分，在现行优惠政策基础上再减半征收所得税。国家对于小微企业的政策如此，由此可见，对于大中型企业的减税力度将会更大。在当今减税降费政策持续加码态势下，必将提升我国所有企业的抗风险能力，激活其发展潜能。

当然，在用好减税降费措施助力市场主体发展，注重普惠性的同时，也要更有针对性。要积极落实好减税降费政策，发挥其作用，这样才能让市场主体更加活跃、更有创造力。一方面要在精准性上下足功夫，积极用好税收大数据等手段，精准识别市场主体需求，只有这样，国家减税降费的措施才能落到实处。另一方面，要在灵活性上多动脑筋，根据发展中的新情况、新特点、新问题，适时推出类似阶段性税收缓缴、研发费用加计扣除政策提前享受等措施，紧跟市场主体发展需求，让减税降费政策真正"活"起来，这样企业发展才会动力强劲。

总之，市场主体发展壮大，是支撑就业的"顶梁柱"、创造财富的源泉、推动经济社会发展的重要力量，减税降费要积极围绕市场主体展开。

第 5 题

论证有效性分析:分析下述论证中存在的缺陷和漏洞,选择若干要点,写一篇 **600** 字左右的文章,对该论证的有效性进行分析和评论。(论证有效性分析的一般要点是:概念特别是核心概念的界定和使用是否准确并前后一致,有无各种明显的逻辑错误,论证的论据是否成立并支持结论,结论成立的条件是否充分,等等。)

近年来,"盲盒手办""盲盒文具""盲盒机票"等"盲盒"产品层出不穷,当日常用品搭上"盲盒"二字,似乎就增加了一份神秘感。在"只有打开才会知道自己抽到了什么"的心理驱动下,无数消费者为之冲动消费,盲盒经济由此产生,这也产生了一系列问题。由此可见,盲盒经济必须及时叫停。

据快营销研究院发现,过去四年,95 后群体由 4 000 万规模扩大至 9 000 万,呈现 2 倍规模扩大,由此可见,95 后群体正在成为盲盒经济消费的主流群体。很多低龄消费者由于过分热衷于盲盒的神秘特质,加之自身控制力差,久而久之就会形成错误的购物观,甚至产生违背道德认知底线的行为。

从商品经济概念看,只要所生产出的商品有人愿意买单就是合理的。因此,盲盒商家嗅到了盲盒的商机,也想在盲盒经济中分得一杯羹。但是,这也导致了商品质量良莠不齐、过度营销、售后难等问题时有发生,要解决这些难题,唯一办法就是取缔盲盒。

良好的经济发展模式有助于推动商品市场的正常运行。如今,盲盒经济野蛮生长,显然已经超出了正常经济发展模式的范围。如果盲盒经济想要回归正轨,就需要市场调节和政府干预两手抓,但是,这二者显然是不能兼容的。

由此可见,盲盒的存在仅有危害而无利处,打破盲盒怪圈现象势在必行,发展盲盒经济的想法也必须阻止。

第 6 题

论证有效性分析:分析下述论证中存在的缺陷和漏洞,选择若干要点,写一篇 600 字左右的文章,对该论证的有效性进行分析和评论。(论证有效性分析的一般要点是:概念特别是核心概念的界定和使用是否准确并前后一致,有无各种明显的逻辑错误,论证的论据是否成立并支持结论,结论成立的条件是否充分,等等。)

　　近几年,国内跑步人群数量呈现爆发增长的态势,与之相匹配的,国内的运动服务行业由之前的一片空白到现在进入了快速发展阶段。由此可见,在跑步群体的不断壮大下,国内运动服务市场的夏天也到来了。

　　中国田径协会发布的《2019 年中国马拉松大数据》显示,2019 年经中国田径协会认证赛事共计 357 场,较 2018 年增加 18 场;认证赛事总参赛人次达到 423.91 万,较 2018 年增加 57.75 万,相比于 2018 年,中国马拉松无论在赛事数量还是参与人数上,都有大幅增长。而赛事和参与人数的增多,也必然导致运动服务市场发展前景越来越开阔。

　　跑鞋对跑步的人来说是一项必需品,尤其是对初跑者来说。跑者在选购跑鞋时,最在意的是舒适度和品牌。在价格方面,300～900 元的实际到手价,是跑者心中跑鞋最合理的定价区间。如果跑鞋生产厂家按照这一定价区间生产跑鞋,就一定能够获利。

　　当前的运动服务分为线上和线下两种形式。线下服务需要培养大量人力、寻找合适场地、适时推广等,对正处于疫情期间的运动服务公司来说运营成本太高。因此,线上服务更受运动服务公司青睐。

　　在全民健身政策号召下,健身运动俨然成了一个社会符号。跑步作为运动项目之一,是跑者为自己的健康和爱好所做的投资,其消费需求也正在悄悄崛起,成为新消费热点。

第 7 题

论证有效性分析：分析下述论证中存在的缺陷和漏洞，选择若干要点，写一篇 600 字左右的文章，对该论证的有效性进行分析和评论。（论证有效性分析的一般要点是：概念特别是核心概念的界定和使用是否准确并前后一致，有无各种明显的逻辑错误，论证的论据是否成立并支持结论，结论成立的条件是否充分，等等。）

　　数字鸿沟是指社会上不同性别、种族、经济、居住环境、阶级背景的人，在接近、使用数码产品（如电脑或是网络）的机会与能力上的差异。随着信息技术的日趋完善，数字鸿沟将会消失。

　　数字鸿沟共分为两道，第一道是指在计算机和因特网接入上存在的差距，第二道是指人们掌握和处理信息的能力和技巧上的差别。AI、Bigdata、Cloud 等信息技术的使用与普及，使得信息社会不平衡情况得到缓解，信息落差减小，数字鸿沟得以被填平。此外，在数字鸿沟中被剥夺了获得知识与信息的能力和机会的人被认为是数字贫困者。只要给予这些人相应的获取信息的平台，就可以帮助他们摆脱数字贫困者的身份。

　　就国内而言，截至 2020 年底，中国网民规模为 9.89 亿人，互联网普及率达到 70.4%，较 2019 年增长 5.9 个百分点。按照这个增长速度，到 2025 年，我国互联网普及率就可以到达 100%。基于此，我国的东、中、西部互联网建设将实现同步发展，我国的数字鸿沟问题将不复存在。

　　农村地区是信息化发展的薄弱地区，增强农村信息化建设的唯一途径就是要提升农村互联网普及率。近期，美国通过了"数字鸿沟法案"，以此提高农村居民"数字贫困者"的信息接触和利用水平，我国也应当通过立法的形式，弥合城乡之间的数字鸿沟。

　　由此可见，随着信息技术的不断发展，数字鸿沟终将会被填平。

第 8 题

论证有效性分析：分析下述论证中存在的缺陷和漏洞，选择若干要点，写一篇 600 字左右的文章，对该论证的有效性进行分析和评论。（论证有效性分析的一般要点是：概念特别是核心概念的界定和使用是否准确并前后一致，有无各种明显的逻辑错误，论证的论据是否成立并支持结论，结论成立的条件是否充分，等等。）

　　近年来，我国多个主题乐园相继开业，主题乐园产业迎来黄金发展时期，其中最大的功劳要归因于不断成熟的 IP。因此，IP 是主题乐园站稳脚跟最关键的因素。

　　据 TEA/AECOM 发布，2020 年全球 25 大主题乐园中，4 个位于中国内地，两个位于中国香港；内地的 4 个主题乐园在 2019 年共吸引游客 3 220 万人，即使是疫情期间也实现客流 1 692 万人次。我国主题乐园市场规模在肉眼可见地扩大。

　　当前，我国主题公园多是以国外知名 IP 为核心、以动画作品为原型建设的。如：环球影城与迪士尼乐园中，包含了大量的好莱坞 IP，这也是我国主题公园在国际范围内的知名度不断提升的最主要原因。IP 就是主题公园盈利的保障。一个成功的 IP 能够给予消费者身临其境的场景氛围体验，提供独一无二的文化体验，创造更多的商业价值与盈利空间。

　　IP 文化的打造是一个长期的、系统的、持续的工程，不是推出一部热播的作品就万事大吉了，而是需要围绕一个系列或者某个主题，或者某个角色，不断地推出各式各样的深度制作、精心打磨的优秀作品。只有如此才会在众多观众的脑海中留下印象深刻、难以忘却的记忆，受众基础一旦固定，IP 文化的土壤就逐步形成了。

　　从迪士尼乐园到环球影城主题公园项目的成功，都充分地说明了 IP 文化是主题乐园赢利的财富密码，谁能够营造出浓厚的 IP 文化氛围，谁就能获得赢利。

第 9 题

论证有效性分析:分析下述论证中存在的缺陷和漏洞,选择若干要点,写一篇 600 字左右的文章,对该论证的有效性进行分析和评论。(论证有效性分析的一般要点是:概念特别是核心概念的界定和使用是否准确并前后一致,有无各种明显的逻辑谬误,论证的论据是否成立并支持结论,结论成立的条件是否充分,等等。)

元代医学家朱丹溪曾说:"天主生物,故恒于动,人有此生,亦恒于动。"在我们当下看来,只需要更多地关注运动,而无须关注静止。

唯物辩证法认为:运动是物质的根本属性和存在方式,包括一切变化。这意味着静止并不是事物的基本属性,静止是不存在于我们个体身上的。同时,法国哲学家帕斯卡曾说:"人生的本质在于运动,安谧宁静就是死亡。"因为运动是包括一切变化的,而个人的成长与发展的过程也是不断变化的,就更能说明个体只需要关注运动,不需要关注静止。

从生活的角度来分析,人们现在习惯选择坐高铁出行,在车上的人看似是静止的,实则是在不断前进的,这也说明我们更多地处在运动状态,因此绝对不用考虑静止的状态。如果人们不选择高铁而选择步行前进的话,就不会有这种感觉自己是静止的假象了。

我国古代思想家程颐曾说:"动静无端,阴阳无始。"既然不存在安静和改变的开端,那么就说明不存在静止,只存在运动,也就更不用去关注静止的状态了。因此,如果有人说阴阳融合、动静交替,那他就大错特错了,因为这里的静就是动,只需要去关注动的状态就好了。

第 10 题

论证有效性分析:分析下述论证中存在的缺陷和漏洞,选择若干要点,写一篇 600 字左右的文章,对该论证的有效性进行分析和评论。(论证有效性分析的一般要点是:概念特别是核心概念的界定和使用是否准确并前后一致,有无各种明显的逻辑谬误,论证的论据是否成立并支持结论,结论成立的条件是否充分,等等。)

近段时间,河南卫视的诸多传统文化节目"火出了圈",但与此同时,一部分网友认为此类节目的表现手法过于夸张,没有表现出传统文化的内涵。事实上,此类言论并无不妥。

"文化自信"是我们继承与发扬传统文化内涵的重要精神动力,但通过夸张的节目表达容易导致观众对于传统文化的理解产生误差,就会使得观众无法正确理解节目所展现的文化内涵。传统文化的节目表现应当是明确直接、不加修饰的,比如"中国诗词大会"就是直接展现我们的诗词魅力,这也说明夸张的节目无法直接展现传统文化的魅力。

同时,弘扬传统文化未必非要局限在节目的表现与宣传上,现在也有许多途径可以传达我们优秀的传统文化内涵,但需要人们更多的关注。根据 2016 年北京市文化馆对入馆青少年的调查显示,有 78.7% 的青少年更喜欢通过手机、电视、电脑等观看文化节目,仅有 13.4% 表示愿意到线下参观学习传统文化,这说明人们对于传统文化的学习途径并没有深入了解。因此,需要加强对线下传统文化的宣传和推动,也就是说,要超过线上观看节目才行。

然而,推动线下的宣传并非易事,场地、宣传、展示形式等问题都需要解决,但只有通过线下的宣传,传统文化才能完全渗透到人们的意识中,才能更好地形成文化自信。以京剧为代表的地方戏曲,哪个不是通过线下的表演将文化内容展现在观众眼前呢?

综上,节目展现传统文化的形式过于夸张,应更多通过线下宣传来弘扬传统文化的内涵。

第 11 题

论证有效性分析:分析下述论证中存在的缺陷和漏洞,选择若干要点,写一篇 **600** 字左右的文章,对该论证的有效性进行分析和评论。(论证有效性分析的一般要点是:概念特别是核心概念的界定和使用是否准确并前后一致,有无各种明显的逻辑谬误,论证的论据是否成立并支持结论,结论成立的条件是否充分,等等。)

在当前的校园招聘中,诸多大学生会重点选择收入高的工作,这种选择并无不妥。

高收入岗位是现代大学生就业的优先考虑方向。2020 年北京毕业季的数据显示,81.9%的毕业生选择进入工资更高的企业工作。这也代表着当代年轻人对金钱的需求和看重。顶尖学校的毕业生们都喜欢往诸多"大厂"走,也正是出于对高薪的需求,比如 2020 年共有 348 名应届毕业生进入腾讯、阿里等"大厂"。

高收入岗位有助于满足年轻人日益增长的物质和精神追求。这代年轻人被誉为"含着金汤匙出生"的一代,在物质上和精神上的追求多种多样。而选择高收入的职业,才能满足现代大学生对国际名牌等物质方面的需求。长此以往,也就推动他们精神追求的满足。

高收入岗位也在一定程度上帮助现代大学生树立自信心。对刚毕业的大学生们来说,大学毕业赚不到钱要么是工作不上心,要么是玩物丧志,这样也会对他们的自信心造成较大的打击。而如果大学生能谋取到一份高收入的工作,就能大幅提升大学生的自信心。

退一步讲,高收入的工作也是一部分大学生的必然需求。对于一部分家庭困难的大学生,高收入的工作能有效帮助家里缓解经济压力。而很多同学懊悔没有给家里帮上忙,无疑是由于没有找到高收入的工作。

第 12 题

论证有效性分析: 分析下述论证中存在的缺陷和漏洞,选择若干要点,写一篇 600 字左右的文章,对该论证的有效性进行分析和评论。(论证有效性分析的一般要点是:概念特别是核心概念的界定和使用是否准确并前后一致,有无各种明显的逻辑谬误,论证的论据是否成立并支持结论,结论成立的条件是否充分,等等。)

人们在处理问题时,容易掺杂着感性和理性两种不同的思维模式。相对来说,使用纯理性的思维能更好地解决问题。

纯理性的思维能快速分析问题。纯理性的思维是清晰逻辑的体现,这意味着可以直接发现问题,进而完全地解决该问题。同时,纯理性的思维能够将问题进行多角度拆分,如果仅从某一个视角考虑问题,那么是无法解决问题的。

掺杂着感性的思维会对解决问题造成一定的阻碍。感性的思维包括人们的直觉判断、潜意识等,直觉是毫无科学依据的判断,根据直觉得到的结果是会走上错误道路的。此外,自身的情感会对理性产生干扰,阻碍理性思维的正常判断,导致问题更为复杂化。

纯理性的思维也是目前主流思想的发展方向。纯理性的思维能够将所有事情都高效地处理,进而形成一套明确的实际解决方案。在此类榜样的影响下,会让人们更重视纯理性思维,并放弃感性思维。

第 13 题

论证有效性分析：分析下述论证中存在的缺陷和漏洞，选择若干要点，写一篇 600 字左右的文章，对该论证的有效性进行分析和评论。（论证有效性分析的一般要点是：概念特别是核心概念的界定和使用是否准确并前后一致，有无各种明显的逻辑谬误，论证的论据是否成立并支持结论，结论成立的条件是否充分，等等。）

"创业"是当下潮流，让许多不甘现状的人投入它的怀抱。对时下的大学生来说，"休学创业"已不再是"奇葩"行为，也不再是只属于美国的扎克伯格们的"天方夜谭"，相反，为了国家的将来，应该鼓励大学生休学创业。

教育部在《关于做好 2015 年全国普通高等学校毕业生就业创业工作的通知》中，提到："各高校要建立弹性学制，允许在校学生休学创业"。国家政策都已经明确表示了态度，可见休学创业值得提倡。

对学生来说，休学创业百利而无一害。休学毕竟不是退学，即使创业失败了，还可以回来继续学业。一旦创业成功了，年纪轻轻就可以获得财富自由，岂不比上学划算得多？

对学校来说，鼓励学生休学创业，也是一种很好的选择。休学创业的大学生真正毕业后走向社会找工作时一定会更加容易，而且还可以提高学校的就业率。

美国的年轻人为什么创造力更强？是因为社会风气鼓励年轻人勇于尝试。像比尔·盖茨，这样的人物为什么在中国没有出现？就是因为我们的学校对学生管理太过严格，而把学生关在校园里读书是出不了创新型人才的。

总之，为了国家的将来，应该鼓励大学生休学创业。

第 14 题

论证有效性分析:分析下述论证中存在的缺陷和漏洞,选择若干要点,写一篇 600 字左右的文章,对该论证的有效性进行分析和评论。(论证有效性分析的一般要点是:概念特别是核心概念的界定和使用是否准确并前后一致,有无各种明显的逻辑谬误,论证的论据是否成立并支持结论,结论成立的条件是否充分,等等。)

在科技日益发展的今天,一家企业要有持续发展的动力,必须要重视人才,尤其对制造业来说更是如此。而如何让更多人才流向制造业?唯有提高技术型人才的薪资待遇。

近日,《人民日报》对三省六市 100 家企业的问卷调查结果显示,制造业吸引人才正面临"三难":找不到、招不来、留不住。高达 73.08% 的企业认为,目前企业迈向高质量发展的过程中唯一困难就是技术人才缺乏。

日前,《人民日报》在广州和深圳、青岛和潍坊、长沙和株洲三省六市详细调查 100 家企业面临人才的"三难"问题,说明制造业缺乏技术人才。

制造业引才频出招,一些传统制造业企业薪资相对较低,就努力把教育、医疗等生活配套做好,这样就会吸引技术人才。此外,股权激励也是很多高科技制造业的通行做法。员工持股,无疑会留住人才。

但是,每个城市的招聘情况不一。一、二线城市招揽人才如火如荼,是因为地理位置好。而应届大学毕业生不愿意来三、四线城市,是因为地理位置不好。而且,技术人才容易被更高薪的互联网等企业"挖角"。一旦这些公司给出高薪,他们必走无疑。

总之,唯有提高技术型人才的薪资待遇,才能让更多人才流向制造业。

第 15 题

论证有效性分析:分析下述论证中存在的缺陷和漏洞,选择若干要点,写一篇 600 字左右的文章,对该论证的有效性进行分析和评论。(论证有效性分析的一般要点是:概念特别是核心概念的界定和使用是否准确并前后一致,有无各种明显的逻辑谬误,论证的论据是否成立并支持结论,结论成立的条件是否充分,等等。)

　　智能手机行业在这几年经过了一个飞速发展阶段,手机的功能越来越多,配置越来越高,外观越来越精致,电池也从原来的可拆卸式变成了现在的一体式。其实手机还是采取可拆卸式的电池更加合理。

　　当年的手机厂商们之所以选择取消可拆卸电池的设计,最主要原因就是可拆卸电池的手机较笨重、不美观。而抛弃可拆卸电池,则可以很容易实现手机轻巧、美观的效果。

　　然而,相对于轻巧、美观来说,还是续航更加重要。以前手机电池可以拆卸的时候,大家用万能充提前给手机的备用电池充好电,没电时可以更换电池从而延长手机的续航时间,以防止手机没电的情况发生。而现在当手机没电时,则不能实现手机续航。

　　就在近日,有外媒报道称,欧盟正在制定一项提案,强制要求电子产品可以提供可拆卸电池功能,以减少电子垃圾的产生,所以,中国也该如此。

　　并且随着手机性能的提升,手机的功耗也在不断提升,唯有采取可拆卸式电池这种方式,才可以应对手机功耗过高的问题。

第 16 题

论证有效性分析：分析下述论证中存在的缺陷和漏洞，选择若干要点，写一篇 600 字左右的文章，对该论证的有效性进行分析和评论。（论证有效性分析的一般要点是：概念特别是核心概念的界定和使用是否准确并前后一致，有无各种明显的逻辑错误，论证的论据是否成立并支持结论，结论成立的条件是否充分，等等。）

从北大办学宗旨与办学历史看，北大是一所包容各种"偏才怪才"的学府。蔡元培老校长以独特的眼光发现了行伍出身的沈从文，包容了批评他的鲁迅，但李宇春作为娱乐明星来北大讲堂则是不合适的。

北大讲堂毕竟不是茶馆，讲堂只能交给底蕴深厚、智慧深广的有识之士，不可以不假思索、心血来潮就贸然让李宇春等娱乐明星走进北大。虽然文化具有一视同仁的特性，但娱乐文化与传统庙堂文化是不可调和的两种文化，所以让李宇春进课堂并不能体现大学对文化一视同仁的原则。

从文化自身角度来看，艺术也是文化的一部分，学校一定会培养出文化方面的专家和艺术表现力极强的人才，那么再把李宇春的艺术表演作为讲堂内容就是完全没有必要的。如果从明星的角度去看，他们带给大众娱乐，而大学讲堂是严肃严谨的，是传输人类最高智慧的地方，专家、教授在讲堂上只要严谨、求实，那就是对学子负责。那么让一个明星在学校唱歌，如何能对学子负责呢？

虽然我们不能强制为"学术"与"娱乐"划清界限，更不能因为人的身份而将其拒之门外。但我们应该清楚地认识到，大学讲堂的唯一使命就是传道授业解惑，这也不是明星能承担得了的。

第 17 题

论证有效性分析：分析下述论证中存在的缺陷和漏洞，选择若干要点，写一篇 600 字左右的文章，对该论证的有效性进行分析和评论。（论证有效性分析的一般要点是：概念特别是核心概念的界定和使用是否准确并前后一致，有无各种明显的逻辑错误，论证的论据是否成立并支持结论，结论成立的条件是否充分，等等。）

一碗热气腾腾的泡面，是很多人从孩提时就挥之不去的味蕾记忆。方便面之所以能成为"国民食品"，既离不开人们对时间和效率的重视，也因其有着足以支撑人们生活需要的品质。显而易见，方便食品已经不等于垃圾食品。

在当今时代，中国人依然重视时间和效率，同时也更加重视绿色和健康。被贴上"油炸""添加剂"等标签的传统方便食品，在满足人们绿色生活、健康发展的追求上将会进行重大改革，因此方便食品必然转型为绿色食品。

根据今年报送的创新产品统计结果，60％以上的方便面放弃油炸，降油减盐趋势明显；调味包的"工业味"大幅降低，增加了天然配料和脱水蔬菜的应用；面条形态也在原有的基础上，增加了荞麦面、土豆面、刀削面、米粉等款式。由此可见，方便食品都实现了向绿色食品的转化。

同时，为了契合消费者健康、营养、安全的饮食理念，方便食品寻求着"正餐化"的契机。不久前，国家提出要大力促进主食产业化，支持推进主食制品的工业化生产、社会化供应等产业化经营方式，大力发展方便食品、速冻食品。有了这一政策支持和政府监管，方便食品便断然不敢再走垃圾食品的老路。

事实上也是如此，在方便面的老家日本，方便面不仅没有被消费者嫌弃，人均消费量反而比中国更高，还专门建了两座博物馆来展示方便面的发展历史。可见，只要产品观念提升，宣传方便食品的合理性，那么这股美味就永远不再被当作垃圾，更不会消失。

综上，方便食品不再是垃圾食品，而会通过产业革新成为绿色正餐。

第 18 题

论证有效性分析:分析下述论证中存在的缺陷和漏洞,选择若干要点,写一篇 600 字左右的文章,对该论证的有效性进行分析和评论。(论证有效性分析的一般要点是:概念特别是核心概念的界定和使用是否准确并前后一致,有无各种明显的逻辑错误,论证的论据是否成立并支持结论,结论成立的条件是否充分,等等。)

农村环境质量是保障菜篮子、米袋子、水缸子安全的"命根子"。保不住这个底线,我们的健康福祉将成为空谈,而农村环境失守,归根结底,是农村环境保护长期缺位的结果。因此,只要加大对农村污染情况的关注度,根治农村污染并不难。

长期以来,国家及地方污染治理项目、资金的倾斜,使城市环境有了较大改观。相较之下,农村环境基础设施建设落后,常见到许多乡村没有基本的垃圾、污水收集设施,更谈不上就地处理,也就是说,农村污染防治机制完全没有开始,致使污染状况持续恶化。目前,农村既有生活污染、畜禽养殖污染、化肥农药使用导致的农业面源污染,还有工业点源污染。诸多被城市拒绝的重污染工业成了不少农村招商引资的香饽饽,这些重污染工业吞噬、蚕食着青山绿水,只有将这些企业逐出农村,才能使环境治理走上正轨。

客观地说,与城市居民一样,广大农村群众也有权利获得优质的环境公共设施,这可以保障数亿农村群众的身体健康。同时,由于拥有了同样优质的公共设备,农村群众得以身处更为良好的环境,这样就大大促进了社会公平正义。从更大的视野看,保住农村环境质量这个底线,百姓的健康福祉、终极的幸福都会成为现实。

可见,想要遏制农村污染加剧的趋势、根治农村污染,只需要我们改变当前环境保护的观念,提升农村环境治理意识即可。

第 19 题

论证有效性分析:分析下述论证中存在的缺陷和漏洞,选择若干要点,写一篇 600 字左右的文章,对该论证的有效性进行分析和评论。(论证有效性分析的一般要点是:概念特别是核心概念的界定和使用是否准确并前后一致,有无各种明显的逻辑错误,论证的论据是否成立并支持结论,结论成立的条件是否充分,等等。)

最近,各种微博蜚语成风,万人转载。微博体在网络上十分火爆,从"元芳体"到"流氓体",似乎成为时代的主流,而这种网络文化会导致社会氛围趋向低俗浮躁。

首先,"元芳体"和"流氓体"是文化娱乐精神的集中体现,这种嬉戏、调侃、玩世不恭的现象,无不反映出整个社会的浮躁和文化的低俗化,因为许多人在网络上借着网络自由肆意娱乐、调侃社会人事,这种浮躁现象极其可悲。

同时,现实社会的一切公众话语都以娱乐的方式出现,并渐渐成为一种文化精神。我们的政治、宗教、新闻、体育、教育和商业都心甘情愿地成为娱乐的附庸,而且毫无边界,就像抖音上不仅有娱乐明星、网红的打榜,新闻演讲等主流媒介也参与其中。尼尔·波兹曼在"娱乐至死"中曾指出,如果这样下去"其结果是我们成了一个娱乐至死的物种",可以预言,世界将深深陷入低俗、浮躁的氛围中。

如果现代社会不及时刹车,贸然把文化变成一场娱乐至死的舞台,其结果就是使文化精神枯萎。一个泱泱大国,一个礼仪之邦,一个具有深厚文化底蕴和灿烂文明的国度,就应拥有绝对精粹,绝对独特,十分高尚、纯洁的文化,否则就不能称之为文明。

每个公民都应尊重、爱护世界的文化。减少日常生活的娱乐性,就能避免浮躁、低俗氛围的形成,使我们的文明洁净、厚重,使我们的文化健康发展。

第 20 题

论证有效性分析:分析下述论证中存在的缺陷和漏洞,选择若干要点,写一篇 600 字左右的文章,对该论证的有效性进行分析和评论。(论证有效性分析的一般要点是:概念特别是核心概念的界定和使用是否准确并前后一致,有无各种明显的逻辑错误,论证的论据是否成立并支持结论,结论成立的条件是否充分,等等。)

近两年,城管与小贩之间的紧张关系成了人们的饭后之谈,城管与小贩之间时刻都在上演着一场"猫捉老鼠"的游戏。但是只要改善管理方式,城管与小贩就能化干戈为玉帛。

首先,在繁华的大街上,随处可见小贩占道摆摊,风雨不变,他们在摊位上操劳着,他们乐意这样吗? 他们甘于这样被城管东赶西跑吗? 所以,在路边摆摊也无可厚非,因为他们都是为了养家糊口。有关研究表明,商业集群有利于盈利。那么,政府应当把小贩集中起来,为他们建立一个市场,酌情收取些许摊位费,这样一定会获得治安和赚钱的双赢局面。

其次,国民的素养都有待提高。无论是城管,还是小贩,他们的素养都有待提高。素养的提高需要培训和引导,对此,只要政府部门在各地区开展培训班,在重点培养城管素养的同时给小贩们树立道德是非善恶观,双方就能消除矛盾。

再次,没有探索出适合本国国情的城市管理执法体系是小贩、城管存在嫌隙的根源。近日,新的城管制服一亮相,人们议论纷纷,高铁头盔、电棍、甲级防护盾,人们感叹:"这是特种兵来管理小贩吗?"一套冰冷的制服拉不近城管与小贩的关系,这种方式毫无益处。有关部门应完善当前的法律制度,成立城管巡回法庭,改善管理方式。

"相逢一笑泯恩仇"会成为朋友;"化干戈为玉帛"会成为兄弟姐妹,只要给予新的管理方式,城管和小贩一定会和谐相处、共创街道平安。

第 21 题

论证有效性分析:分析下述论证中存在的缺陷和漏洞,选择若干要点,写一篇 600 字左右的文章,对该论证的有效性进行分析和评论。(论证有效性分析的一般要点是:概念特别是核心概念的界定和使用是否准确并前后一致,有无各种明显的逻辑错误,论证的论据是否成立并支持结论,结论成立的条件是否充分,等等。)

进入 8 月,景点暑期旅游相继进入旺季。部分旅游景区高票价和"差体验"的矛盾再次凸显,各地需谨防景区再度被"门票经济"绑架。其实,"门票经济"不是问题。

根据国家旅游部门专家组的研讨,认为中国旅游经济未来的发展方向应当是:拆掉景区"门票经济"围墙。但是,由旅游资源的不可替代所导致的天然性垄断,使景区经营依靠门票收入成为完全不可避免的事情。

诚然,独特的、不可替代的景点特质,着实让景区管理者在与游客的利益博弈中占据优势。只要将低价位的老景点与高品位的新服务有机融合,就能让人们涌起重返景区或携家旅游的休闲热情。

更为重要的是,人们根本不痴迷于景区的景点,而更在意旅游体验的舒适感和景区服务的人性关怀。只要有了服务品位,景区就不会再成为"门票经济"的代名词。思路一变天地宽,解决"门票经济"问题,关键是要破除封闭式旅游的思维桎梏,把景点经营纳入旅游产业化的宏大格局,有了这一观念,模式转换将轻而易举。

并且,部分景区推出"去门票化"的创新实践,已实现经济与社会效益的"双赢"。比如,华山和敦煌共推的整合营销产品,既让游客免费领取到敦煌 6 个景区门票,也使敦煌景区有了 5 倍于门票的吃住行购消费收入。照此劲头发展下去,"门票经济"迟早会得到解决。

综上,与"门票经济"靠山吃山的思维不同,全域旅游着眼于消费环境的改善,带来了"人气+财气","门票经济"问题已不是问题。

第 22 题

论证有效性分析：分析下述论证中存在的缺陷和漏洞，选择若干要点，写一篇 600 字左右的文章，对该论证的有效性进行分析和评论。（论证有效性分析的一般要点是：概念特别是核心概念的界定和使用是否准确并前后一致，有无各种明显的逻辑错误，论证的论据是否成立并支持结论，结论成立的条件是否充分，等等。）

现在网上争论最厉害的事就是"国人到底该不该买外国品牌手机"。有的人支持外国品牌手机，认为其质量好、拍照清晰、使用时间长。但其实，国人就不应该使用外国品牌手机，因为国产手机有以下几个方面的优势。

国产手机信号、通话的清晰度与降噪收音要比外产手机好。如果你在和客户通电话过程中，手机信号很差，或者总是漏掉客户的重要电话，就必然会给客户一种不专业、不认真的感觉。

同时，双卡双待的国产手机甩外产手机几条街。现如今人人都有双卡需求，由于手机可以同时待机两个手机卡，这样我们就可以将工作和生活分开，工作一个号，生活一个号，同时，还可以在一个手机卡无法接听的情况下，使用另一个手机卡进行通话，绝对不会错过重要的信息。此外，只要使用了双卡双待的国产手机，就能够彰显身份，提高使用者的档次。

在性价比方面，国产手机也略胜一筹，因为买手机最大的制约因素无疑就是资金预算。外国品牌手机的价格普遍是中高端水平，目前在售的机型中，最低的价格是 3 299 元左右，但是国产手机的在售机型中，价格在 899～16 999 元不等。因此相对于外国品牌来说，国产手机每个价位都有，覆盖率更广，完全可以满足所有消费者的不同需求。

一项某高校大学生手机使用品牌调查报告显示，72.6% 的人使用国产品牌手机，其余使用外国品牌手机的人占 27.4%，由此可以看出，国产手机还是十分受欢迎的，就不应该使用外国品牌手机。

总而言之，无论是在信号、双卡双待，还是性价比方面，国产手机都表现得很好，因此，国人不应再购买外国品牌手机。

第 23 题

论证有效性分析：分析下述论证中存在的缺陷和漏洞，选择若干要点，写一篇 600 字左右的文章，对该论证的有效性进行分析和评论。（论证有效性分析的一般要点是：概念特别是核心概念的界定和使用是否准确并前后一致，有无各种明显的逻辑错误，论证的论据是否成立并支持结论，结论成立的条件是否充分，等等。）

大学英语四级考试是教育部主管的一项全国性教育考试，其目的是对大学生的实际英语能力进行客观、准确的测量，为大学英语教学提供服务。但在实际落实中，四级考试已经与其意义相悖，因此，现在不应设置大学英语四级考试。

时过境迁，社会在发展，当初的设立目的已经不再适合现如今的中国。比如写作部分，虽说是一种交互式交际语言能力测试，但是，题型单一、套用模式，很像过去的八股文。而在漫长的历史中，八股文已然因为其缺乏实用性，没有存在价值被更先进的模式所替代，同样四级考试作为一个旧时代的事物，难道不该被更适合当代中国、更全面系统的新模式所替代吗？

现在四级的含金量越来越低，社会上也越来越不认可了，因为招聘方已经从重学历转为重能力。即使你通过四级考试，仍然会将你拒之门外，这种情况在上海等大城市是很普遍的。同时，从我们接触英语开始，便有各种各样的考试，何况，还有一个与四级考试难度差异不大，同学们更为重视的高考英语，因此就不必浪费财力、物力再次进行考试了。

测试的目的在于推动英语的教学，现如今确实适得其反，了解和从事教育工作的人都知道，测试会有一定的影响，这种影响对英语教学工作产生了不可忽视的消极作用。测试内容势必会限制大学英语教师和学生的英语学习，进而降低他们学习英语的积极性、自主性。可见四级考试的存在已然失去了意义，由于四级考试没有意义，就会有越来越多的学生缺考，这样一来，为何还要设置大学英语四级考试呢？

第 24 题

论证有效性分析：分析下述论证中存在的缺陷和漏洞，选择若干要点，写一篇 600 字左右的文章，对该论证的有效性进行分析和评论。（论证有效性分析的一般要点是：概念特别是核心概念的界定和使用是否准确并前后一致，有无各种明显的逻辑错误，论证的论据是否成立并支持结论，结论成立的条件是否充分，等等。）

在短视频平台上，不少情感主播打着伸张正义的旗号，以连麦或现场调解的方式，处理着一桩桩情节离奇的家庭纠纷。但是，要是真想依靠直播间主播解决自家的情感问题，那可就太不靠谱了。

情感主播往往以其伸张正义，处理家庭纠纷的方式在直播间收获大量人气，然而事实当真如此吗？有知情人士爆料，直播中每一桩情节离奇的家庭纠纷背后都是一个个写好的剧本。在这个利益链条上，麦手，即所谓家庭纠纷的当事人，出钱买剧本并熟背。情感主播连麦调解，来增加自己直播间的人数和流量。一旦流量增长趋于稳定，情感主播们就会开始进行他们最终的环节——带货谋利。麦手从主播的手里赚钱，主播从粉丝的手里赚钱，最后粉丝成了这场戏剧的付款人。

这些情感主播都是为了谋利，情感直播只是为谋利披上了一层情感的外衣，使其更具有隐蔽性和欺骗性。另外这些情感主播的直播对象之所以多为中老年群体，在直播中设置陷阱，进行虚假宣传与情感裹挟，是因为这些老年群体贪图小便宜，购买能力强。

作为普通用户，我们要擦亮眼睛，理性看待短视频平台的情感调解。我们很难辨别这些情感主播的背后的套路，尤其是网络判断能力差的中老年群体，我们唯一能做的就是不要再观看直播，不接受这些情感主播的套路，捂好自己的钱包，因为对于心怀不轨的情感主播来说，花钱买不到情感，但"感情"可以拿来变现。

第 25 题

论证有效性分析:分析下述论证中存在的缺陷和漏洞,选择若干要点,写一篇 600 字左右的文章,对该论证的有效性进行分析和评论。(论证有效性分析的一般要点是:概念特别是核心概念的界定和使用是否准确并前后一致,有无各种明显的逻辑错误,论证的论据是否成立并支持结论,结论成立的条件是否充分,等等。)

　　通俗来讲,侥幸心理是一种普遍存在的正常心理,指的是一种"试一试,万一就成功了"的心态。需要明确的是,事情一旦过度都会有不好的后果,一种好的品质用于坏的方面也会导致不好的后果,所以今天讨论侥幸心理时应该抛去刻板印象,去研究这种心理本质对于人的意义。

　　毫无疑问,人性本身并没有优劣之分,但将侥幸心理用在不正当的地方自然会产生不好的影响,可这并不是由侥幸心理本身所造成的。正如自信是人性的优点,可自信过头了便是自负。虽然侥幸过了头,便容易不思进取。但是,侥幸心理的本质仍然是人性的优点。

　　侥幸心理会促进人的探险精神,因为人要想进步、要想成功,冒险精神是不可少的。每个人都知道眼前的路是不平坦的,是止步不前还是去尝试,这需要抉择。但人是脆弱的,在艰难面前可以给自己一个心理暗示——也许事情会一帆风顺呢? 这也会在以后的奋斗路上少些压抑,多些乐观。

　　正是因为侥幸心理存在,我们才会对某一事物有美好的向往,进而做出选择。在这个过程中,我们是无法把握风险的,没有证据证明我们一定会成功,甚至成功的意义也不甚明了,但是对社会上价值观正常的人而言,它一定会促使我们去行动。我们因自己的选择不合乎自己对未来的向往,就认为侥幸心理也是人性的缺点,这对侥幸心理是不公平的,希望我们摘下有色眼镜再去看待侥幸心理。

下篇　论说文试题

第 1 题

论说文:根据下述材料,写一篇 700 字左右的论说文,题目自拟。

　　蝉认为自己是一个天生的歌唱家,整个夏天都在歌唱中度过。时间在不知不觉中向前推移,很快就进入北风呼啸的冬天。这时蝉才发现连一点食物都找不到,它非常饥饿,于是就到了蚂蚁家。

　　蚂蚁正忙着晒谷子,蝉流着泪水说:"小蚂蚁,求你给我点食物吧!"蚂蚁便问它:"你夏天为什么不储存一点食物呢?"

　　蝉回答说:"那时我一点时间都没有,每天要忙着唱美妙动听的歌。"

第 2 题

论说文:根据下述材料,写一篇 700 字左右的论说文,题目自拟。

《论语·季氏》中有云:"不患寡而患不均,不患贫而患不安。"其中"不患寡而患不均"告诉我们:不怕东西少就怕分配不均匀。

第 3 题

论说文：根据下述材料，写一篇 700 字左右的论说文，题目自拟。

　　《周易》曰："穷则变，变则通，通则久。"乔布斯走了，苹果失去了一位天才，而世界失去了一位梦想家。人类的发展一次次证明，总有一种力量让我们书写新的历史，那就是创新。进入21世纪，人类所面临的是更加激烈的竞争和较量，知识日新月异，未来社会迫切需要具有创新精神和实践能力的人才。培养创新精神和实践能力是当今时代的主旋律，是新世纪的重要课题。

第 4 题

论说文：根据下述材料，写一篇 700 字左右的论说文，题目自拟。

日前，上海市消保委调查了 12 款 App，结果显示，大部分 App 自动续费扣费时间节点设置在到期前 1 天，也有少量 App 的扣费时间节点较为模糊，更有个别 App 竟然提前 3 天就扣费了。前有免费体验遭自动续费，后有会员没到期被超前扣费，一段时间以来，App 自动续费问题频频引发热议。

超前扣费却不提醒，悄悄地缩短了消费者的选择周期，违反了消费者自主选择的相关规定，也有悖于诚实信用的市场原则。总是算计会员，只会让用户失去信任。

第 5 题

论说文:根据下述材料,写一篇 700 字左右的论说文,题目自拟。

　　内卷,原指一类文化模式达到了某种最终的形态以后,既没有办法稳定下来,也没有办法转变为新的形态,只能不断地在内部变得更加复杂的现象。随着社会的发展,内卷有了新的含义,指同行间竞相付出更多努力以争夺有限资源,从而导致个体"收益努力比"不断下降的现象。

第 6 题

论说文：根据下述材料，写一篇 700 字左右的论说文，题目自拟。

　　心理学上有杨树效应和榆树效应两个观点。杨树效应是指越是喜欢唱高调的人，内心越空虚、自卑，就像生长最快的杨树，表面看上去修长华丽，但是树干却空虚得很，一旦遭遇强风，首先摧毁的就是它们；相反，老榆树浑身疙瘩，既不修长，也不漂亮，但是内心是坚实的，任凭风吹雨打，独自屹立不倒。

第 7 题

论说文:根据下述材料,写一篇 700 字左右的论说文,题目自拟。

  《晋书·宣帝纪论》记载这样一句话,"和光同尘,与时舒卷",表明了古人为人做事的一种态度,既要有不露锋芒、与世无争的处世态度,又要顺应时势、随着时代的变化来施展自己的才能。

第 8 题

论说文：根据下述材料，写一篇 700 字左右的论说文，题目自拟。

　　拥有固定型思维的人拒绝改变，他们想时刻证明自己的能力，却不会从失败中学习，甚至容易将自己定义为失败者；相反，拥有成长型思维模式的人，相信自己的能力是可以发展的，他们热爱挑战，相信努力，面对挫折仍可以重新站起来。

第 9 题

论说文:根据下述材料,写一篇 700 字左右的论说文,题目自拟。

　　近年来,偷税漏税的违法现象不断出现,前有明星范冰冰凭借"阴阳合同"逃税 2.55 亿,后有带货网红薇娅通过多家企业偷逃税款 6.43 亿。有人说,他们也带来过巨大的贡献,不能"一棒子打死";也有人说,封杀是应该的,底线不可突破,财亦取之有道。

第 10 题

论说文：根据下述材料，写一篇 700 字左右的论说文，题目自拟。

近期，互联网上频繁出现"绝美""小众"等宣传文案，并辅以精美的图片，十分抓人眼球。但不少人到了现场才发现，图片与现场完全不符，打卡后大呼上当。商家打广告吸引客户这本无错，但不应将不实的信息传递给消费者。

第 11 题

论说文:根据下述材料,写一篇 700 字左右的论说文,题目自拟。

　　企业在整体的发展过程中基本都会遇到一个问题:遇到发展瓶颈期时,究竟是优先打造品牌还是优先谋利?有人说优先打造品牌,因为品牌能够进一步拓宽潜在消费市场,打造良好的口碑。有人则认为应当优先谋利,谋利是企业正常运行的基础,应当脚踏实地,稳步发展前进。

第 12 题

论说文：根据下述材料，写一篇 700 字左右的论说文，题目自拟。

现代管理学之父彼得·德鲁克曾就"决策"发表过以下内容："决策是一套系统化的程序，有明确的要素和一定的步骤。一项有效的决策必然是在'议论纷纷'的基础上做成的，而不是在'众口一词'的基础上做成的。有效的管理者并不做太多的决策，而做出的决策都是重大的决策。"

第 13 题

论说文：根据下述材料，写一篇 700 字左右的论说文，题目自拟。

有只老鼠在佛塔顶上安了家，每天享受着丰富的供品。每当善男信女们烧香磕头时，老鼠心中暗笑：人类不过如此，说跪就跪下了，处在我的脚下呢！一天，一只饿极了的野猫闯了进来，将老鼠抓住。这位高贵的俘虏抗议道："你不能吃我！你应该向我跪拜！我代表着佛！"野猫讥讽道："人们跪拜，是向着你所占的位置，不是向着你！"

第 14 题

论说文:根据下述材料,写一篇 700 字左右的论说文,题目自拟。

美国康奈尔大学的威克教授做过一个实验,把几只蜜蜂放进一个平放的瓶子中,瓶底向光;蜜蜂们向着光亮不断碰壁,最后停在光亮的一面,奄奄一息;换成苍蝇却全都飞出去了,原因是它们多方尝试——向上、向下、向光、背光,一方不通,立即改变方向,虽不免多次碰壁,终会飞出瓶颈,成功脱身。

第 15 题

论说文：根据下述材料，写一篇 700 字左右的论说文，题目自拟。

如今，随着科技进步、产品升级，视频摄录设备趋于小型化、高清化、隐蔽化，但无形中也给了偷拍偷录等违法行为可乘之机，一些不法分子将摄像头隐藏到日常生活物品中，肆意窃取他人隐私，甚至在网络空间分享、传播偷拍内容。

第 16 题

论说文：根据下述材料，写一篇 700 字左右的论说文，题目自拟。

　　前有"搬砖""打工人""社畜"，现有"乙化"，这些词汇创造、流行的过程，折射出当代年轻人在探索工作与生活的关系，也在琢磨自己在其中扮演的角色。自嘲是真，而在自嘲背后的疲惫和困惑也是真。从"蚁族"到"乙人"，当代年轻人害怕的不仅是物质拮据带来的压力，更害怕的是失去了对自我的掌控和处事的原则；但在保持自我的同时，也不愿放弃一份来之不易的工作。在这样的跷跷板上，寻找平衡点并不容易。

第 17 题

论说文:根据下述材料,写一篇 700 字左右的论说文,题目自拟。

　　1985 年,海尔总裁张瑞敏的朋友想在厂里买一台冰箱,结果挑了很多台都有毛病,最后勉强拉走一台。朋友走后,张瑞敏派人把库房里的冰箱全部检查了一遍,发现有 76 台存在各种各样的缺陷。张瑞敏问大家怎么办,多数人提出既然不影响使用,便宜点处理给职工算了。张瑞敏说:"我要是允许把这 76 台冰箱卖了,就等于允许你们明天再生产 760 台这样的冰箱。"他宣布这些冰箱要全部砸掉,并抡起大锤亲手砸了第一锤! 很多职工砸冰箱时流下了眼泪。三年以后,海尔人捧回了我国冰箱行业的第一块国家质量金奖。

第 18 题

论说文:根据下述材料,写一篇 700 字左右的论说文,题目自拟。

　　《菜根谭》有"君子处患难而不忧,当宴游而惕虑"之说,意为有能力和德行的君子在面临困难的环境时不会忧虑,反而在安乐宴饮时知道戒慎警惕。大多数人希望人生一帆风顺、安逸享乐,却不知那是"温水煮青蛙",另一些人则不畏艰险,迎难而上。

第 19 题

论说文：根据下述材料，写一篇 700 字左右的论说文，题目自拟。

　　当前，互联网经济达到一定的发展速度，创新势头迅猛，竞争十分激烈。在发展初期，因为缺少规范和规则，某些互联网公司野蛮生长难以完全避免。但是，创新与竞争必须在正常的轨道内，发展经济的目的是服务社会，增进人民福祉，互联网资本也不例外，资本的狂欢不可突破法律和道德的规范。

第 20 题

论说文:根据下述材料,写一篇 700 字左右的论说文,题目自拟。

鸡寒上树、鸭寒入水。寒冷的情况一样,但避寒的方法各有不同。要达到同一个目的,但人人的方法不同。路不是只有一条,也不是每一个人都适合走同样的一条路,拘泥于一种方式,可能你到不了目标。

第 21 题

论说文：根据下述材料，写一篇 700 字左右的论说文，题目自拟。

　　浓酒、美食、辣味、甜品不是自然的口味，真正自然的口味只是"淡"；具有神奇特异才能的人不是最高超的人，最高超的人的言行只是"平凡"。任何刻意成就的，往往失去了本来面目。

第 22 题

论说文：根据下述材料，写一篇 700 字左右的论说文，题目自拟。

　　管理大师德鲁克认为："21 世纪的组织，最有价值的资产是组织内的知识工作者和他们的生产力。"所谓知识管理的定义为，在组织中建构一个人文与技术兼备的知识系统，让组织中的信息与知识，透过获得、创造、分享、整合、记录、存取、更新等过程，达到知识不断创新的最终目的，并回馈到知识系统内，个人与组织的知识得以永不间断的累积，从系统的角度进行思考将成为组织的智慧资本，有助于企业做出正确的决策，以应对市场的变迁。

第 23 题

论说文:根据下述材料,写一篇 700 字左右的论说文,题目自拟。

　　有人认为:"行有所止,言有所界。边界是个体成长的保护墙。边界感是一个人最好的修养。"也有人认为:"融而后通,破而后立。要敢于打破边界、多向融合,才能创造更大的价值。"

第 24 题

论说文：根据下述材料，写一篇 700 字左右的论说文，题目自拟。

  曾经有人这样比喻，将鸡蛋比作物质资源，将母鸡比作人力资源。物质资源是在生产经营的过程中所需要的材料。人力资源是生产经营的过程中所需要的人员的安排。那么，在企业经营中，哪个更重要？

第 25 题

论说文:根据下述材料,写一篇 700 字左右的论说文,题目自拟。

　　有个猎人,在深山里挖了一个陷阱,安放了一个捕兽工具,野兽的脚只要碰到它,它就会牢牢地把兽蹄钳住。有一次,一只倒霉的老虎出来觅食,一不小心踏上了这个捕兽工具,老虎怎么也挣不脱。老虎知道被猎人捉住就会身首异处,怎么办? 难道为了这几寸小小的足掌让这长达七尺的身躯受难? 不行,还是逃命要紧。老虎发起怒来,拼命地蹦跳腾跃,挣断了钳住的足掌,终于逃跑了。

试题详解篇

上篇 论证有效性分析解析

第1题

真题解析

经过持续奋斗，我们如期完成了新时代脱贫攻坚的目标。其实，完成全民脱贫很简单，只要政府加大财政支持力度就可以了。

【谬误1】政府加大财政支持力度，未必就可以完成脱贫攻坚的任务。脱贫攻坚是一项系统工程，并非仅仅给老百姓钱，更重要的是让他们拥有可持续生产的能力，授人以鱼不如授之以渔。因此，仅仅加大财政支持的力度是远远不够的。

首先，全面建成小康社会、完成脱贫的任务只是在农村，特别是一些贫困山区。因此，只要农村实现了脱贫，尤其是贫困山区摆脱了贫困，中国就能实现全面脱贫，继而迈向全面小康社会。因此，完成全民脱贫并不难。

【谬误2】完成脱贫任务并非只是在农村、贫困山区，在一些革命老区、城市的棚户区等地方也存在一定的贫困人口。

【谬误3】只要农村实现了脱贫，贫困山区摆脱了贫困，中国也未必就会全面摆脱贫困，继而迈向全面小康社会，还需要关注其他地区的困难人口，比如革命老区、城市的棚户区等，同时也要关注扶贫后返贫的现象。

其次，到2020年，我国现行标准下农村贫困人口已经实现了脱贫，消除了绝对贫困和区域性整体贫困，取得了令全世界刮目相看的重大胜利。由此可以预言，中国最发达地区的城市和最贫困地区的村庄再也不会让人有天壤之别的感觉了。顺利脱贫之后，中国贫困地区与中国发达地区将实现财富均等，也就是顺利迈进了共同富裕阶段。

【谬误4】由我国脱贫攻坚取得了一定的成果并不能说明中国最发达地区的城市与最贫困地区的村庄就不会有天壤之别的感觉了。因为中国最发达地区的城市与最贫困地区村庄的差距体现在方方面面。贫困地区目前只是完成了脱贫，可以吃饱穿暖，与发达城市在医疗、教育、经济等方面的差距依然是巨大的。

【谬误5】中国贫困地区与中国发达地区实现财富均等未必就是共同富裕，共同富裕不等于财富均等。共同富裕是指全体人民通过辛勤劳动和相互帮助最终达到丰衣足食的生活水平，消除两极分化和绝对贫困。而财富均等指的是地区与地区、人与人之间的财富值是一样的。显然财富均等与共同富裕不是同一个概念。

再次，脱贫攻坚将是一件一劳永逸的事情，只要政府给钱就好了。政府只有加大对贫困地区的财政支持力度，贫困地区的百姓才能永远摆脱贫困，并且过上幸福的生活。

【谬误6】政府给钱未必就可以使脱贫攻坚成为一件一劳永逸的事。如果政府仅仅是依靠给钱来使贫困地区的百姓脱贫，那么脱贫之后很可能会出现返贫的现象。

【谬误7】让贫困地区的老百姓永远摆脱贫困，过上幸福的生活未必就是因为政府的财政支持,也可能是因为一些热心公益的企业为这些地区的百姓提供更多的就业机会或者是慈善机构给他们提供的一些帮助等。所以,老百姓能否完全摆脱贫困,过上幸福的生活,与扶贫政策之间没有必然的联系。

总之,实现全民脱贫并不是一件难事,我们大可不必为此顾虑重重。

参考范文

实现全民脱贫很简单吗

上述材料通过一系列分析,试图得出"实现全民脱贫很简单"这一结论,然而该结论在论证过程中存在诸多逻辑漏洞,现分析如下。

首先,农村实现了脱贫,贫困山区摆脱了贫困,中国也未必就会全面摆脱贫困,继而迈向全面小康社会。全面建成小康社会还需要关注其他地区的贫困人口,比如革命老区、城市的棚户区等,虽然城市不属于贫困地区,但是在城市里也存在一些扶贫对象,这些人群也不容忽视。

其次,由我国脱贫攻坚取得了一定的成果并不能说明中国最发达地区的城市与最贫困地区的村庄之间就不会有天壤之别的感觉了。因为中国最发达地区的城市与最贫困地区村庄的差距体现在方方面面。贫困地区目前只是完成了脱贫,可以吃饱穿暖,与发达城市在医疗、教育、经济等方面的差距依然是巨大的。

再次,中国贫困地区与中国发达地区实现财富均等未必就是共同富裕,共同富裕不等于财富均等。共同富裕是指全体人民通过辛勤劳动和相互帮助最终达到丰衣足食的生活水平,消除两极分化和绝对贫困。而财富均等指的是地区与地区、人与人之间的财富值是一样的。显然财富均等与共同富裕不是同一个概念。

最后,让贫困地区的老百姓永远摆脱贫困,过上幸福的生活未必就是因为政府的财政支持,也可能是因为一些热心公益的企业为这些地区的百姓提供更多的就业机会或者是慈善机构给他们提供的一些帮助等。所以,老百姓能否完全摆脱贫困,过上幸福的生活,与扶贫政策之间没有必然的联系。

综上所述,上述材料论证过程存在着诸多逻辑漏洞,因此其得出的"实现全民脱贫很简单"的结论难以令人信服。

第 2 题

真题解析

现在人们经常谈论人口出生率的问题，其实解决人口出生率低的问题并不难。

据国家统计局公布的数据显示：2018 年，全年出生人口 1 523 万人，而 2017 年全年出生人口 1 723 万人，出生人口减少了 200 万人。这说明，我国人口出生率的下降并不明显，并没有形成社会性的问题。

【谬误 1】出生人口减少，并不意味着出生率下降不明显。出生率除了和当年的出生人口有关外，还和当年的总人口数相关。

对一个国家和地区来说，出生率降低确实是值得重视的问题。对此，我国已经出台了开放二胎、三胎的相关政策，这些政策的出台势必会解决我国人口出生率低的问题。

【谬误 2】即使开放了二胎、三胎政策也未必会解决我国出生率下降的问题。除了政策之外，还有其他因素影响出生率，比如：女性的受教育程度、个体的经济水平、现有年龄性别的组成结构等。

【谬误 3】出生率降低并不能推出出生率低，降低是一个相对值，低是一个绝对值。

实际上，造成出生率下降的主要原因是年轻人的工作压力越来越大。譬如所谓的"996"工作制，导致许多年轻人没有办法考虑生孩子的事、没有能力去带孩子，出生率下降也就不可避免了。因此，只要解决年轻人工作压力的问题，取消"996"的工作制，那么我国出生率下降的问题将不复存在。

【谬误 4】出生率下降的主要问题未必就是因为年轻人的工作压力越来越大，还和年轻人的思想观念、受教育程度等因素有关。

【谬误 5】"996"工作制，未必会导致许多年轻人没有办法考虑生孩子的事，也未必没有能力去带孩子。过于绝对，年轻人不想生孩子还有别的原因，比如女性对自我价值的追求，不再把生孩子当作一件必须完成的事。

【谬误 6】解决了年轻人工作压力的问题，取消"996"的工作制，我国的出生率下降的问题未必就会不复存在。解决了工作压力的问题，年轻人也可能会把空余的时间用在学习、锻炼、自我提升上，未必就会去生孩子。

总之，解决我国人口出生率的问题并不难。对此，我们不必过度关注。

参考范文

解决我国人口出生率下降的问题不难吗

上述材料通过一系列分析，试图得出"解决我国人口出生率下降并不难"这一结论，然而该论证过程存在诸多逻辑漏洞，现分析如下。

首先，仅仅依据 2018 年出生人口比 2017 年减少了 200 万，就得出出生率下降不明显，此处存在论证缺陷。出生人口减少，并不意味着出生率下降不明显。出生率除了和当年的出生人口有关外，还和当年的总人口数相关。同时，这里仅仅只是比较了 2017 年和 2018 年的人口出生量，并没有比较出生率降低的幅度大小，如果要比较这两年出生率的下降幅度，还应该引入 2016 年的人口出生率。

其次，即使开放了二胎、三胎政策也未必会解决我国出生率下降的问题。除了政策之外，还有其他因素影响出生率，比如：女性的受教育程度、个体的经济水平、现有年龄性别的组成结构等。同时，出生率降低并不能推出出生率低，降低是一个相对值，低是一个绝对值。如果原有出生率本身就很高，即使降低了，整体出生率也未必会低。

再次，出生率下降的主要问题未必是因为年轻人的工作压力越来越大。年轻人是否愿意生孩子还和年轻人的思想观念、受教育程度等因素有关，比如年轻人的婚恋观、生活态度等。

最后，解决了年轻人工作压力的问题，取消"996"的工作制，我国的出生率下降的问题未必就会不复存在。即使解决了工作压力的问题，年轻人也可能会把空余的时间用在学习、锻炼、自我提升等方面，未必就会去生孩子。

综上所述，上述材料论证过程存在着诸多逻辑漏洞，因此其得出的"解决我国出生率下降并不难"的结论难以令人信服。

第 3 题

真题解析

近日，网络主播薇娅因偷税漏税行为，被税务部门依法追缴税款、加收滞纳金并处罚款，共计 13.41 亿元。税务部门坚持依法依规、宽严相济、过罚相当的原则，在充分考虑其违法行为的事实、性质、情节和社会危害程度等因素的基础上对其进行处罚。因此，只要税务部门加强对直播行业的监管，那么偷税漏税的行为将无处藏身。

【谬误 1】只要税务部门加强对直播行业的监管，偷税漏税的行为未必就会无处藏身。因为即使相关部门加强了对直播行业的监管，有些人依然会为了高额利润链而走险。同时偷税漏税的行为不仅发生在直播行业，其他行业也存在类似的情况。如果单纯加强对直播行业的监管，对其他行业监管不到位，那么偷税漏税的行为依然会存在。

作为知名的头部网络主播，薇娅粉丝众多，具有一定的社会影响力。遗憾的是，在依法履行公民纳税义务上，她没有做出应有示范。因此，执法部门应该重点查处直播行业的偷税漏税行为，其他人的税务情况可以先放放。

【谬误 2】由"薇娅属于头部网络主播"并不能推出"执法部门需要重点查处直播行业的偷税漏税行为"，前后不具有必然的因果联系。法律面前人人平等，任何人都没有权利存在偷税漏税的行为。若想得出"执法部门需要重点查处直播行业"这一结论，需要进一步提供更多相关的论据。

网络直播收入来源五花八门，收入性质划分存在模糊地带，客观上加大了税收征管难度，这样势必造成大量主播偷税漏税。薇娅之所以偷税漏税，不正是税务部门对直播行业监管不力导致的吗？只有政府部门、平台形成齐抓共管的工作格局，才能有效防止网络主播们偷税漏税行为的发生。

【谬误 3】网络直播行业监管的难度大并不能得出一定会导致大量主播偷税漏税行为的发生。这些主播之所以会产生偷税漏税的行为，一方面是由于法律观念淡薄，另一方面也存在一定的侥幸心理。

【谬误 4】薇娅之所以偷税漏税，未必就是税务部门对直播行业监管不力导致的，还与薇娅自身的道德素质、法律观念等有关。

【谬误 5】只有政府部门、平台形成齐抓共管的工作格局，也未必可以有效防止网络主播们偷税漏税。网络主播们产生偷税漏税的行为，还与他们自身的法律意识、道德观念等有关。

任何商业模式的运行，都必须保障消费者的合法权益，应加强对直播行业的市场监管，这样直播带货等新经济新业态才能得到更长远的发展。只有依法履行各项责任和义务，主播们才有可能实现其商业价值和社会价值的双赢局面。

【谬误 6】"直播带货等新经济新业态想要得到更长远的发展"除了需要保障消费者的合法权益，遵守市场相关的监管，还需要关注企业自身内在的发展。

【谬误 7】"只有依法履行各项责任和义务，主播们才有可能实现商业价值和社会价值双赢的局面。"此处存在论证缺陷。主播们想要实现商业价值和社会价值双赢的局面，不仅需要履行各项责任和义务，也需要维护自身的合法权利。

参考范文

值得商榷的结论

上述材料通过一系列分析，试图得出"只要加强税务部门的监管，直播行业偷税漏税的行为将不复存在"这一结论。然而该论证过程存在诸多逻辑漏洞，现分析如下。

首先，只要税务部门加强对直播行业的监管，偷税漏税的行为未必就会无处藏身。因为即使相关部门加强了对直播行业的监管，有些人依然会为了高额利润铤而走险。同时偷税漏税的行为不仅发生在直播行业，其他行业也存在类似的情况。如果单纯加强对直播行业的监管，对其他行业监管不到位，那么依然会存在偷税漏税的行为。

其次，由"薇娅属于头部网络主播"并不能推出"执法部门需要重点查处直播行业的偷税漏税行为"，前后不具有必然的因果联系。法律面前人人平等，任何人都没有权利进行偷税漏税。若想得出"执法部门需要重点查处直播行业"这一结论，需要进一步提供更多相关的论据。

再次，由"网络直播行业监管难度大"并不能得出"会导致大量主播偷税漏税行为的发生"。这些主播之所以会有偷税漏税的行为，一方面是由于他们法律观念淡薄，另一方面他们也存在一定的侥幸心理。

最后，"只有依法履行各项责任和义务，主播们才有可能实现商业价值和社会价值双赢的局面。"此处存在论证缺陷。主播们想要实现商业价值和社会价值双赢的局面，不仅需要履行各项责任和义务，也需要维护自身的合法权利。

综上所述，上述材料论证过程存在着诸多逻辑漏洞，因此其得出"只要加强税务部门的监管，直播行业的偷税漏税行为将不复存在"的结论难以令人信服。

第 4 题

真题解析

　　近年来,对于广大市场主体来说,减税降费是获得感很强的政策关键词。各地政府相继推出支持——从 2018 年推出深化增值税改革措施,到 2019 年实施更大规模减税降费,再到 2020 年巩固和拓展减税降费成效,推出支持疫情防控和助力复工复产税费优惠政策,减税降费一路护航市场主体前行。因此,疫情之下,减税降费措施的推行,一定会激活企业发展的动力。

　　今年前三季度,全国各类企业提前享受加计扣除金额 1.3 万亿元,减免税额 3 333 亿元。格外亮眼的成绩,源于研发费用加计扣除政策在今年经历的几次"升级"。政策利好不仅有了"升级版",还能提前兑现,这样不仅极大减轻了企业负担,还能促进企业积极投身于创新研发。

　　【谬误1】减税降费的措施,未必就会促进企业积极投身于创新研发。影响企业创新研发的因素很多,除了资金因素之外,还与企业自身的发展战略、定位、市场发展、人才等因素有关。

　　今年,政策层面继续对中小微企业予以重点关注和倾斜:延长小规模纳税人增值税优惠等部分阶段性政策执行期限,提高小规模纳税人增值税起征点,对小微企业和个体工商户年应纳税所得额不到 100 万元的部分,在现行优惠政策基础上再减半征收所得税。国家对于小微企业的政策如此,由此可见,对于大中型企业的减税力度将会更大。在当今减税降费政策持续加码态势下,必将提升我国所有企业的抗风险能力,激活其发展潜能。

　　【谬误2】由国家对"中小微企业"的减税降费政策,并不能推出国家对于"大中型企业"的税收政策力度会更大,此处存在"不当类比"的嫌疑。中小微企业与大中型企业的发展规模不同,企业的属性也可能不同,因此并不能简单类比国家对于两类企业的减税降费政策。

　　【谬误3】在减税降费政策延续加码的态势下,我国所有企业的抗风险能力未必都会得到提升。首先是国家减税降费的政策只针对一部分企业,并非针对所有企业;其次,影响企业抗风险能力的因素很多,除了国家的减税降费政策,还和企业发展的其他相关政策有关。同时,也与企业自身的内部运营有关。所以,减税降费,未必可以提升企业的抗风险能力。

　　当然,在用好减税降费措施助力市场主体发展,注重普惠性的同时,也要更有针对性。要积极落实好减税降费政策,发挥其作用,这样才能让市场主体更加活跃、更有创造力。一方面要在精准性上下足功夫,积极用好税收大数据等手段,精准识别市场主体需求,只有这样,国家减税降费的措施才能落到实处。另一方面,要在灵活性上多动脑筋,根据发展中的新情况、新特点、新问题,适时推出类似阶段性税收缓缴、研发费用加计扣除政策提前享受等措施,紧跟市场主体发展需求,让减税降费政策真正"活"起来,这样企业发展才会动力强劲。

　　【谬误4】积极落实好减税降费政策,发挥其作用,这样就一定会让市场主体更加活跃、更有创造力吗?未必,影响市场主体活跃、创造力的因素很多,除了税收政策之外,还与整个市场的需求、用户、类似疫情这样的黑天鹅事件等有关。

　　【谬误5】即使减税降费在精准性上下足功夫,国家减税降费的措施也未必可以落到实处。减税降费的政策想要落到实处,还与具体实施的人员有关,如果这些实施者不作为,减税降费的政策将会大打折扣。

　　【谬误6】紧跟市场主体发展的需求,让减税降费政策"活"起来,企业的发展也未必会动力强劲。企业的发展还与别的政策有关，比如金融、产业政策等，还和整个市场的发展、用户的需求等有关。

总之，市场主体发展壮大，是支撑就业的"顶梁柱"、创造财富的源泉、推动经济社会发展的重要力量，减税降费要积极围绕市场主体展开。

参考范文

减税降费一定会激活企业的发展动力吗

上述材料通过一系列分析，试图得出"减税降费措施的推行，一定会激活企业发展的动力"这一结论。然而该论证过程存在诸多逻辑漏洞，现分析如下。

首先，由国家对"中小微企业"的减税降费政策，并不能推出国家对于"大中型企业"的税收政策力度会更大，此处存在"不当类比"的嫌疑。中小微企业与大中型企业的发展规模不同，企业的属性也可能存在不同。因此不能简单通过国家对于中小微企业的减税降费政策类比得出国家对于大中型企业的减税降费政策。

其次，在减税降费政策持续加码的态势下，我国所有企业的抗风险能力未必都会得到提升。首先是国家减税降费的政策只针对一部分企业，并非针对所有企业；其次，影响企业抗风险能力的因素很多，除了国家的减税降费政策，还和企业发展的其他相关政策有关。同时，也与企业自身的内部运营有关。所以，减税降费未必可以提升企业的抗风险能力。

再次，积极落实好减税降费政策，发挥其作用，这样就一定会让市场主体更加活跃、更有创造力吗？未必，影响市场主体活跃、创造力的因素很多，除了减税降费政策之外，还与整个市场的需求、用户、类似疫情这样的黑天鹅事件等有关。

最后，即使减税降费政策在精准性上下足功夫，国家减税降费的措施也未必可以落到实处。减税降费的政策想要落到实处，还与具体实施的人员有关，如果这些实施者不作为，减税降费的政策将会大打折扣。

综上所述，上述材料论证过程存在着诸多逻辑漏洞，因此其得出"减税降费措施的推行，一定会激活企业发展的动力"这一结论难以令人信服。

第 5 题

真题解析

近年来,"盲盒手办""盲盒文具""盲盒机票"等"盲盒"产品层出不穷,当日常用品搭上"盲盒"二字,似乎就增加了一份神秘感。在"只有打开才会知道自己抽到了什么"的心理驱动下,无数消费者为之冲动消费,盲盒经济由此产生,这也产生了一系列问题。由此可见,盲盒经济必须及时叫停。

据快营销研究院发现,过去四年,95 后群体由 4 000 万规模扩大至 9 000 万,呈现 2 倍规模扩大,由此可见,95 后群体正在成为盲盒经济消费的主流群体。很多低龄消费者由于过分热衷于盲盒的神秘特质,加之自身控制力差,久而久之就会形成错误的购物观,甚至产生违背道德认知底线的行为。

【谬误 1】95 后群体规模扩大,未必会说明 95 后群体正在成为盲盒经济消费的主流群体。群体规模扩大,指的是该年龄段人口数量增长,增长的 95 后群体未必会把钱用在盲盒消费上。

【谬误 2】低龄消费者未必会形成错误的购物观,也未必会产生违背道德认知底线的行为。形成错误的购物观以及产生违背道德认知底线的行为与生活环境、受教育程度以及个人认知等因素有关。

从商品经济概念看,只要所生产出的商品有人愿意买单就是合理的。因此,盲盒商家嗅到了盲盒的商机,也想在盲盒经济中分得一杯羹。但是,这也导致了商品质量良莠不齐、过度营销、售后难等问题时有发生,要解决这些难题,唯一办法就是取缔盲盒。

【谬误 3】从商品经济概念角度未必能推出商家想在盲盒经济中分得一杯羹。前者是一个理论,是对于现实普遍情况的集中概括;后者是商家的行为,商家选择盲盒的原因还可能是自身喜欢、盲目跟风等。

【谬误 4】解决商品质量良莠不齐、过度营销、售后难等问题未必要取缔盲盒,还可以通过商家诚信经营、市场加强监管、执法部门加大惩处力度等方式。

良好的经济发展模式有助于推动商品市场的正常运行。如今,盲盒经济野蛮生长,显然已经超出了正常经济发展模式的范围。如果盲盒经济想要回归正轨,就需要市场调节和政府干预两手抓,但是,这二者显然是不能兼容的。

【谬误 5】市场调节和政府干预并非不能兼容。二者各有优势,可以从不同方面对不良的盲盒经济进行调节,反而会助力盲盒经济更快回归正轨。

由此可见,盲盒的存在仅有危害而无利处,打破盲盒怪圈现象势在必行,发展盲盒经济的想法也必须阻止。

参考范文

盲盒经济必须及时叫停吗

上述材料通过一系列分析,试图得出"盲盒经济必须及时叫停"这一结论,然而该论证过程存在诸多逻辑漏洞,现分析如下:

首先，95 后群体规模扩大，未必会说明 95 后群体正在成为盲盒经济消费的主流群体。95 后群体规模扩大，指的是该年龄段人口数量增长，增长的 95 后群体可能对盲盒不感兴趣，不会把钱用在盲盒消费上，未必会成为盲盒经济消费的主体。

其次，购买盲盒的低龄消费者一定会形成错误的购物观吗？未必。如果低龄消费者在消费的过程中，能够做到量入为出、合理消费，那么未必会形成错误的购物观。同时，也未必会产生违背道德认知底线的行为。产生违背道德认知底线的行为与生活环境、受教育程度以及个人认知等因素有关。

再次，从商品经济概念角度未必能推出商家想在盲盒经济中分得一杯羹。前者是一个理论，是对于现实普遍情况的集中概括；后者是商家的行为，商家选择盲盒的原因还可能是自身喜欢、盲目跟风等。此外，解决商品质量良莠不齐、过度营销、售后难等问题未必要取缔盲盒，还可以通过商家诚信经营、市场加强监管、执法部门加大惩处力度等方式。

最后，市场调节和政府干预并非不能兼容。二者各有优势，利用市场"无形的手"和政府"有形的手"同时进行调节，可以从不同方面改善和规范不良的盲盒经济，反而会助力盲盒经济更快回归正轨。因此，该结论有待商榷。

综上所述，上述材料论证过程存在着诸多逻辑漏洞，因此其得出的"盲盒经济必须及时叫停"的结论难以令人信服。

第 6 题

真题解析

近几年,国内跑步人群数量呈现爆发增长的态势,与之相匹配的,国内的运动服务行业由之前的一片空白到现在进入了快速发展阶段。由此可见,在跑步群体的不断壮大下,国内运动服务市场的夏天也到来了。

中国田径协会发布的《2019 年中国马拉松大数据》显示,2019 年经中国田径协会认证赛事共计 357 场,较 2018 年增加 18 场;认证赛事总参赛人次达到 423.91 万,较 2018 年增加 57.75 万,相比于 2018 年,中国马拉松无论在赛事数量还是参与人数上,都有大幅增长。而赛事和参与人数的增多,也必然导致运动服务市场发展前景越来越开阔。

【谬误 1】认证赛事场次和总参赛人次的增加,未必能说明二者有大幅增长。前者指的是场次和人次数量上的增加,而后者表示的是增长速度,是场次和人次的增长量与各自 2018 年数据的比值。

【谬误 2】赛事和参与人数的增多未必导致运动服务市场发展前景越开阔。赛事和参与人数的增多未必表示人们愿意在体育用品上进行更多的消费。运动服务市场发展前景可能与行业政策导向、完善的行业经营模式,赛事参与者的经济收入、消费水平等因素有关。

跑鞋对跑步的人来说是一项必需品,尤其是对初跑者来说。跑者在选购跑鞋时,最在意的是舒适度和品牌。在价格方面,300～900 元的实际到手价,是跑者心中跑鞋最合理的定价区间。如果跑鞋生产厂家按照这一定价区间生产跑鞋,就一定能够获利。

【谬误 3】跑者在选购跑鞋时,未必最在意的是舒适度和品牌。每个跑者根据自身不同情况,对于跑鞋的选择会有不同青睐,如:跑鞋的使用寿命、价格、重量、外观等。这一结论缺少必要的数据支撑,无法得出跑者对于跑鞋"最在意"因素。

【谬误 4】跑鞋生产厂家按照 300～900 元定价区间生产跑鞋,未必能够获利。影响获利的因素有:成本、售价和数量。即使生产跑鞋的成本确定,但是售价和数量受跑鞋市场导向、跑鞋厂家和商家品牌形象以及经营方式、跑者喜爱偏好等因素影响,在售价和数量不确定的情况下,未必能保证获利。

当前的运动服务分为线上和线下两种形式。线下服务需要培养大量人力、寻找合适场地、适时推广等,对正处于疫情期间的运动服务公司来说运营成本太高。因此,线上服务更受运动服务公司青睐。

【谬误 5】线上服务和线下服务各有利弊,未必可以得出哪种方式更加优越,更受运动服务公司青睐。线下服务可以对跑者进行面对面辅导,帮助跑者更加直观练习和纠错。线上服务在平台运营和利润分成、黏性会员培养、内容付费等方面存在问题。

在全民健身政策号召下,健身运动俨然成了一个社会符号。跑步作为运动项目之一,是跑者为自己的健康和爱好所做的投资,其消费需求也正在悄悄崛起,成为新消费热点。

参考范文

国内运动服务市场的夏天到来了吗

上述材料通过一系列分析，试图得出"国内运动服务市场的夏天到来了"这一结论，然而该论证过程存在诸多逻辑漏洞，现分析如下。

首先，认证赛事场次和总参赛人次的增加，未必能说明二者有大幅增长。前者指的是场次和人次数量上的增加，而后者表示的是增长速度，是场次和人次的增长量与各自 2018 年数据的比值。赛事和参与人数的增多未必导致运动服务市场发展前景越开阔。赛事和参与人数的增多未必表示人们愿意在体育用品上进行更多的消费。运动服务市场发展前景可能与行业政策导向、完善的行业经营模式，赛事参与者的经济收入、消费水平等因素有关。

其次，跑者在选购跑鞋时，未必最在意的是舒适度和品牌。每个跑者根据自身不同情况，对于跑鞋的选择会有不同青睐，如：跑鞋的使用寿命、价格、重量、外观等。这一结论缺少必要的数据支撑，无法得出跑者对于跑鞋"最在意"因素。

再次，跑鞋生产厂家按照 300～900 元定价区间生产跑鞋，未必能够获利。影响获利的因素有：成本、售价和数量。即使生产跑鞋的成本确定，但是售价和数量受跑鞋市场导向、跑鞋厂家以及商家品牌形象以及经营方式、跑者喜爱偏好等因素影响，在售价和数量不确定的情况下，未必能保证获利。

最后，线上服务和线下服务各有利弊，未必可以得出哪种方式更加优越，更受运动服务公司青睐。线下服务可以对跑者进行面对面辅导，帮助跑者更加直观练习和纠错。线上服务在平台运营和利润分成、黏性会员培养、内容付费等方面存在问题。

综上所述，上述材料论证过程存在着诸多逻辑漏洞，因此其得出的"国内运动服务市场的夏天到来了"的结论难以令人信服。

第 7 题

真题解析

数字鸿沟是指社会上不同性别、种族、经济、居住环境、阶级背景的人,在接近、使用数码产品(如电脑或是网络)的机会与能力上的差异。随着信息技术的日趋完善,数字鸿沟将会消失。

数字鸿沟共分为两道,第一道是指在计算机和因特网接入上存在的差距,第二道是指人们掌握和处理信息的能力和技巧上的差别。AI、Bigdata、Cloud 等信息技术的使用与普及,使得信息社会不平衡情况得到缓解,信息落差减小,数字鸿沟得以被填平。此外,在数字鸿沟中被剥夺了获得知识与信息的能力和机会的人被认为是数字贫困者。只要给予这些人相应的获取信息的平台,就可以帮助他们摆脱数字贫困者的身份。

【谬误 1】技术的使用与普及未必可以推出信息社会不平衡情况得到缓解,信息落差减小,数字鸿沟得以被填平。缓解信息社会不平衡情况,减小信息落差,数字鸿沟得以被填平与宽带网络覆盖率、互联网络应用运用及使用程度,网民年龄、收入和受教育程度有关。技术的使用与普及只是其中的一个方面。

【谬误 2】给予数字贫困者相应的获取信息的平台未必可以帮助他们摆脱数字贫困者的身份。信息的平台本质上是信息中转站,负责信息的收集和传递。如果数字贫困者不懂得如何利用信息和信息技术为自身赋能,自身对信息的处理能力较弱,未必可以摆脱数字贫困者的身份。

就国内而言,截至 2020 年底,中国网民规模为 9.89 亿人,互联网普及率达到 70.4%,较 2019 年增长 5.9 个百分点。按照这个增长速度,到 2025 年,我国互联网普及率就可以到达 100%。基于此,我国的东、中、西部互联网建设将实现同步发展,我国的数字鸿沟问题将不复存在。

【谬误 3】按照 2020 年互联网普及率的增长速度,到 2025 年,我国互联网普及率未必就可以到达 100%。此处有忽略发展之嫌。互联网普及率受政策导向、城乡发展水平、网民个人情况的影响,每年的增长速度会有所不同。

【谬误 4】即使我国互联网普及率达到 100%,我国的东、中、西部互联网建设也未必实现同步发展,我国的数字鸿沟问题也未必不复存在。互联网普及率与同步发展无必然联系,东、中、西部在区位、经济、科技发展程度上不同,每个地区都有各自的侧重点。此外,解决数字鸿沟问题也需要相应的物质条件保障,不仅体现在互联网普及率上。

农村地区是信息化发展的薄弱地区,增强农村信息化建设的唯一途径就是要提升农村互联网普及率。近期,美国通过了"数字鸿沟法案",以此提高农村居民"数字贫困者"的信息接触和利用水平,我国也应当通过立法的形式,弥合城乡之间的数字鸿沟。

【谬误 5】提高农村信息化的唯一途径未必要提升农村互联网普及率。提高农村信息化水平需要因时因地,多种措施并举,如:加快乡村信息基础设施建设,建立城乡信息化融合政策体系和工作机制,提升农民数字化素养等。

【谬误 6】美国通过立法形式解决数字鸿沟问题未必能推出我国也应当通过立法的形式,弥合城乡之间的数字鸿沟。此处有不当类比之嫌。我国与美国在经济、科技、人口素质等方面有所不同,使用同一方法,未必会有效解决数字鸿沟问题。

由此可见,随着信息技术的不断发展,数字鸿沟终将会被填平。

参考范文

数字鸿沟真的将会消失吗

上述材料通过一系列分析,试图得出"数字鸿沟将会消失"这一结论,然而该论证过程存在诸多逻辑漏洞,现分析如下。

首先,技术的使用与普及未必可以推出信息社会不平衡情况得到缓解,信息落差减小,数字鸿沟得以被填平。缓解信息社会不平衡情况,减小信息落差,数字鸿沟得以被填平与宽带网络覆盖率、互联网络应用运用及使用程度,网民年龄、收入和受教育程度有关。技术的使用与普及只是其中的一个方面。

其次,按照 2020 年互联网普及率的增长速度,到 2025 年,我国互联网普及率未必就可以达到 100%。此处有忽略发展之嫌。互联网普及率受政策导向、城乡发展水平、网民个人情况的影响,每年的增长速度会有所不同。即使我国互联网普及率达到 100%,我国的东、中、西部互联网建设也未必实现同步发展,我国的数字鸿沟问题也未必不复存在。互联网普及率与同步发展无必然联系,东、中、西部在区位、经济、科技发展程度上不同,每个地区都有各自的侧重点。此外,解决数字鸿沟问题也需要相应的物质条件保障,不仅体现在互联网普及率上。

再次,提高农村信息化的唯一途径未必要提升农村互联网普及率。提高农村信息化水平需要因时因地,多种措施并举,如:加快乡村信息基础设施建设,建立城乡信息化融合政策体系和工作机制,提升农民数字化素养等。

最后,美国通过立法形式解决数字鸿沟问题未必能推出我国也应当通过立法的形式,弥合城乡之间的数字鸿沟。此处有不当类比之嫌。我国与美国在经济、科技、人口素质等方面有所不同,使用同一方法,未必会有效解决数字鸿沟问题。

综上所述,上述材料论证过程存在着诸多逻辑漏洞,因此其得出的"数字鸿沟将会消失"的结论难以令人信服。

第 8 题

真题解析

近年来,我国多个主题乐园相继开业,主题乐园产业迎来黄金发展时期,其中最大的功劳要归因于不断成熟的 IP。因此,IP 是主题乐园站稳脚跟最关键的因素。

据 TEA/AECOM 发布,2020 年全球 25 大主题乐园中,4 个位于中国内地,两个位于中国香港;内地的 4 个主题乐园在 2019 年共吸引游客 3 220 万人,即使是疫情期间也实现客流 1 692 万人次。我国主题乐园市场规模在肉眼可见地扩大。

【谬误 1】TEA/AECOM 发布的调查结果推不出我国主题乐园市场规模在肉眼可见地扩大。报告数据不具有代表性,仅指出了入选全球 25 大主题乐园的数量以及游客数量,衡量主题乐园市场规模还需要其他因素,如:盈利额、游客消费水平、市场占有率等。仅凭两个因素无法推出我国主题乐园市场规模在肉眼可见地扩大。

当前,我国主题公园多是以国外知名 IP 为核心、以动画作品为原型建设的。如:环球影城与迪士尼乐园中,包含了大量的好莱坞 IP,这也是我国主题公园在国际范围内的知名度不断提升的最主要原因。IP 就是主题公园盈利的保障。一个成功的 IP 能够给予消费者身临其境的场景氛围体验,提供独一无二的文化体验,创造更多的商业价值与盈利空间。

【谬误 2】以国外知名 IP 为核心,以动画作品为原型建设的主题公园推不出这也是我国主题公园在国际范围内的知名度不断提升的最主要原因。环球影城与迪士尼乐园是我国众多主题乐园中的两个,不能代表整体情况。我国主题公园知名度不断提升也与自身文化创新、主题公园运营方式、场馆设施等因素有关,无法确定哪个影响因素是最主要的。

【谬误 3】IP 未必是主题公园盈利的保障。如果拥有 IP,但是缺乏运营手段,或者该 IP 影响力较小,群众对其喜爱度不高,也无法保证主题公园盈利。此外,主题公园的盈利与主题公园定位、票价、服务等因素有关。

IP 文化的打造是一个长期的、系统的、持续的工程,不是推出一部热播的作品就万事大吉了,而是需要围绕一个系列或者某个主题,或者某个角色,不断地推出各式各样的深度制作、精心打磨的优秀作品。只有如此才会在众多观众的脑海中留下印象深刻、难以忘却的记忆,受众基础一旦固定,IP 文化的土壤就逐步形成了。

【谬误 4】打造 IP 文化不是推出一部热播的作品就万事大吉了,而是不断地推出各式各样的深度制作、精心打磨的优秀作品。此处存在论证缺陷。推出一部热播的作品与精心打磨的优秀作品并不矛盾,二者可以同时并行。既要选出一部拥有热门 IP、关注度高的作品,又要深入研究,不断挖掘资源与优势,为消费者带来新鲜感。

【谬误 5】各式各样的深度制作、精心打磨的优秀作品推不出会在众多观众的脑海中留下印象深刻、难以忘却的记忆。如果该作品本身不受观众喜爱,或者与自身价值观相违背,未必会留下深刻印象。

从迪士尼乐园到环球影城主题公园项目的成功,都充分地说明了 IP 文化是主题乐园赢利的财富密码,谁能够营造出浓厚的 IP 文化氛围,谁就能获得赢利。

参考范文

IP 是主题乐园站稳脚跟的最关键因素吗

上述材料通过一系列分析,试图得出"IP 是主题乐园站稳脚跟的最关键因素"这一结论,然而该论证过程存在诸多逻辑漏洞,现分析如下。

首先,TEA/AECOM 发布的调查结果推不出我国主题乐园市场规模在肉眼可见地扩大。报告数据不具有代表性,仅指出了入选全球 25 大主题乐园的数量以及游客数量,衡量主题乐园市场规模还需要其他因素,如:盈利额、游客消费水平、市场占有率等。仅凭两个因素无法推出我国主题乐园市场规模在肉眼可见地扩大。

其次,以国外知名 IP 为核心,以动画作品为原型建设的主题公园推不出这也是我国主题公园在国际范围内的知名度不断提升的最主要原因。环球影城与迪士尼乐园是我国众多主题乐园中的两个,不能代表整体情况。我国主题公园知名度不断提升也与自身文化创新、主题公园运营方式、场馆设施等因素有关,无法确定哪个影响因素是最主要的。

再次,打造 IP 文化不是推出一部热播的作品就万事大吉了,而是不断地推出各式各样的深度制作、精心打磨的优秀作品。此处存在论证缺陷。推出一部热播的作品与精心打磨的优秀作品并不矛盾,二者可以同时并行。既要选出一部拥有热门 IP、关注度高的作品,又要深入研究,不断挖掘资源与优势,为消费者带来新鲜感。

最后,各式各样的深度制作、精心打磨的优秀作品推不出会在众多观众的脑海中留下印象深刻、难以忘却的记忆。如果该作品本身不受观众喜爱,或者与自身价值观相违背,未必会留下深刻印象。

综上所述,上述材料论证过程存在着诸多逻辑漏洞,因此其得出的"IP 是主题乐园站稳脚跟的最关键因素"的结论难以令人信服。

第 9 题

真题解析

元代医学家朱丹溪曾说："天主生物,故恒于动,人有此生,亦恒于动。"在我们当下看来,只需要更多地关注运动,而无须关注静止。

唯物辩证法认为:运动是物质的根本属性和存在方式,包括一切变化。这意味着静止并不是事物的基本属性,静止是不存在于我们个体身上的。同时,法国哲学家帕斯卡曾说:"人生的本质在于运动,安谧宁静就是死亡。"因为运动是包括一切变化的,而个人的成长与发展的过程也是不断变化的,就更能说明个体只需要关注运动,不需要关注静止。

【谬误1】由唯物辩证法中运动是物质的根本属性,无法直接得到静止不是基本属性进而不存在个体身上的结论。静止是相对的,运动是绝对的,但二者不是对立关系,并非一方有另一方无的情况。

【谬误2】个人的成长与发展是变化的无法说明只需要关注运动不需要静止。成长是一个长阶段的过程,我们从小到大确实在不断变化,但我们在诸如平常的睡眠、发呆等行为是相对静止的状态,这些静止的行为状态也是个人成长变化中的一部分,不代表着不需要关注。

从生活的角度来分析,人们现在习惯选择坐高铁出行,在车上的人看似是静止的,实则是在不断前进的,这也说明我们更多地处在运动状态,因此绝对不用考虑静止的状态。如果人们不选择高铁而选择步行前进的话,就不会有这种感觉自己是静止的假象了。

【谬误3】在车上看似静止实则前进无法说明绝对不用考虑静止。因为在车上人虽然相对地面是运动的,但相对高铁还是静止的,车上的人更需要关注自身在高铁上的静止状态。

【谬误4】人们是否是相对静止的状态与选择什么样的出行方式无关。没有绝对的静止,只有相对某一特定对象的静止,当选择步行时,人相对于周身环境是运动的,但相对于自己所携带的物品或衣服来说是相对静止的,与出行方式无关。

我国古代思想家程颐曾说："动静无端,阴阳无始。"既然不存在安静和改变的开端,那么就说明不存在静止,只存在运动,也就更不用去关注静止的状态了。因此,如果有人说阴阳融合、动静交替,那他就大错特错了,因为这里的静就是动,只需要去关注动的状态就好了。

【谬误5】材料中混淆了"动静"与"安静、改变"的内容。程颐所说内容是安静与变化在阴阳中的相互对立、相互依存的关系,进而没有开端,而"动静"则是哲学上的运动和静止,二者并非完全等同。进而更无法得出无须关注运动的结论。

【谬误6】阴阳融合中的动静交替是两个单独的概念,静并非完全是动,不能只关注动的状态,所以阴阳交替、动静结合并没有错。静本身是偏向静止的解释,而动更多地是一种变化的过程,静止的情况下并没有产生变化,因此静并非完全包含在动内;正相反,静是相对于动来说才存在的。

参考范文

只需关注运动而无须关注静止吗

原文通过一系列论证,试图说明"只需要更多地关注运动,而无须关注静止"这个结论成立,但是该论证存在多处缺陷或漏洞,现分析如下。

首先,由唯物辩证法关于运动的内容不足以得出"静止并不是事物的基本属性,静止是不存在于我们个体身上"的结论。一方面,运动本身有绝对运动和相对运动,而静止是需要有相对的对象的。另一方面,静止与运动并非完全对立的关系,在运动是根本属性的前提下也无法直接推断出静止不是基本属性的结论。

其次,个体的成长与发展是变化的无法说明只需要关注运动不需要静止。成长是一个长时间的、有较多资源消耗的过程,从结果来看确实是不断运动变化的,但我们日常的行为诸如睡眠、发呆等在短时间内是相对静止的状态,而非运动的情况,这些静止的行为状态也是个人成长变化中的一部分,不代表着不需要关注。

再次,因为人们在车上看似静止实则前进能得出"绝对不用考虑静止的状态"吗?未必。因为在车上人相对于高铁列车来说是静止而非运动的,车上的人相对于车外的环境来说是运动的,参考系不同无法说明不存在静止。

最后,"动静交替"中的静并不是动,不一定只关注动的状态,更无法得到"阴阳交替、动静结合是大错特错"的结论。阴阳融合中的动静交替是两个单独的概念,静并非动,所以阴阳交替、动静结合并没有错。静本身是偏向静止的解释,而动更多地是一种变化的过程,静止的情况下并没有产生变化,因此静并非完全包含在动内;正相反,静是相对于动来说才存在的。

综上所述,原文在概念、论据和论证过程等诸多方面存在缺陷,因此要想得出原文结论,还需要更加严谨的论证。

第 10 题

真题解析

近段时间,河南卫视的诸多传统文化节目"火出了圈",但与此同时,一部分网友认为此类节目的表现手法过于夸张,没有表现出传统文化的内涵。事实上,此类言论并无不妥。

"文化自信"是我们继承与发扬传统文化内涵的重要精神动力,但通过夸张的节目表达容易导致观众对于传统文化的理解产生误差,就会使得观众无法正确理解节目所展现的文化内涵。传统文化的节目表现应当是明确直接、不加修饰的,比如"中国诗词大会"就是直接展现我们的诗词魅力,这也说明夸张的节目无法直接展现传统文化的魅力。

【谬误1】夸张的节目容易产生理解误差并不一定导致观众无法正确理解文化内涵。节目的表现手法是夸张的,但观众对于节目的理解是自身的主观想法,未必不会正确理解节目所表达的文化内涵。

【谬误2】明确直接、不加以修饰的节目表现未必能说明夸张的节目无法直接展现传统文化的魅力。不加以修饰和夸张地展现是不同的展现手法,"中国诗词大会"这类明确直接的节目取得成功不代表夸张的节目不能展现传统文化的魅力。

同时,弘扬传统文化未必非要局限在节目的表现与宣传上,现在也有许多途径可以传达我们优秀的传统文化内涵,但需要人们更多的关注。根据 2016 年北京市文化馆对入馆青少年的调查显示,有 78.7% 的青少年更喜欢通过手机、电视、电脑等观看文化节目,仅有 13.4% 表示愿意到线下参观学习传统文化,这说明人们对于传统文化的学习途径并没有深入了解。因此,需要加强对线下传统文化的宣传和推动,也就是说,要超过线上观看节目才行。

【谬误3】2016 年的数据无法代表现如今的情况,发展情况不同;此外,青少年的调查数据无法代表所有人的情况。

【谬误4】加强对线下弘扬传统文化的宣传和推动并不意味着线下节目要超过线上观看节目才行。线下宣传与线上节目是两种不同的传统文化的表现形式,不具有完全的比较关系。

然而,推动线下的宣传并非易事,场地、宣传、展示形式等问题都需要解决,但只有通过线下的宣传,传统文化才能完全渗透到人们的意识中,才能更好地形成文化自信。以京剧为代表的地方戏曲,哪个不是通过线下的表演将文化内容展现在观众眼前呢?

【谬误5】传统文化渗入到人们的意识中未必需要线下的宣传,也可以通过人们之间的口口相传、学校内的推广教育、视频推广等方式。

【谬误6】以京剧为代表的地方戏曲未必只有线下表演这一种途径,也可以通过视频记录后发到线上进行表演展现。

综上,节目展现传统文化的形式过于夸张,应更多通过线下宣传来弘扬传统文化的内涵。

参考范文

夸张手法不能表现传统文化的内涵吗

原文通过一系列论证,试图说明"节目通过夸张手法不能表现传统文化的内涵"这个结论成立,但是该论证存在多处缺陷或漏洞,现分析如下。

首先，夸张的节目容易产生理解误差并不一定导致观众无法正确理解文化内涵。节目采取夸张的手法是节目的展现形式，而观众理解节目所展现的文化内涵更多的是通过自己个人的主观理解得来的，可能观众通过节目夸张地展现对于传统文化的理解更深刻清晰。

其次，明确直接、不加以修饰的节目表现未必能说明夸张的节目无法直接展现传统文化的魅力。明确直接和夸张的展现是不同节目的表现手法，但表现手法的不同不能直接代表着传统文化的魅力无法展现，夸张的手法也可以进一步放大传统文化的魅力所在。

再次，2016 年北京市文化馆的调查数据不能代表当前的情况。时代在不断发展，青少年对于传统文化的态度也在不断改变，用之前的数据无法代表如今的情况。此外，青少年的群体无法代表所有人的情况，青少年相对来说接触传统文化的内容较少，无法代表所有群体。

最后，传统文化渗入人们的意识中未必需要线下的宣传。线下的宣传是提高人们对传统文化关注和理解的方式之一，但并非唯一的方式，人们还可以通过人们之间的口口相传、学校内的推广教育、视频推广等方式将传统文化渗入到人们的意识中。

综上所述，原文在概念、论据和论证过程等诸多方面存在缺陷，因此要想得出原文结论，还需要更加严谨的论证。

第 11 题

真题解析

在当前的校园招聘中,诸多大学生会重点选择收入高的工作,这种选择并无不妥。

高收入岗位是现代大学生就业的优先考虑方向。2020 年北京毕业季的数据显示,81.9% 的毕业生选择进入工资更高的企业工作。这也代表着当代年轻人对金钱的需求和看重。顶尖学校的毕业生们都喜欢往诸多"大厂"走,也正是出于对高薪的需求,比如 2020 年共有 348 名应届毕业生进入腾讯、阿里等"大厂"。

【谬误 1】2020 年的毕业季数据无法代表现在毕业生的情况,此外,北京地区的学生情况无法代表所有地区学生的情况。

【谬误 2】顶尖学生进入大厂,未必是出于对高薪的需求,也会是对工作环境的要求、对公司所在城市的追求等。

【谬误 3】348 名清华毕业生进入腾讯、阿里等"大厂"无法证明当代大学生对金钱的看重,也可以是被企业的名气、公司所提供的成长环境所吸引。

高收入岗位有助于满足年轻人日益增长的物质和精神追求。这代年轻人被誉为"含着金汤匙出生"的一代,在物质上和精神上的追求多种多样。而选择高收入的职业,才能满足现代大学生对于国际名牌等物质方面的需求。长此以往,也就推动他们精神追求的满足。

【谬误 4】满足自己物质方面的需求,未必需要高收入的工作,也可以通过购买一些折扣商品,或凭借家里提供的优越的条件。此外,满足了物质需求也未必就能满足精神需求。

高收入岗位也在一定程度上帮助现代大学生树立自信心。对刚毕业的大学生们来说,大学毕业赚不到钱要么是工作不上心,要么是玩物丧志,这样也会对他们的自信心造成较大的打击。而如果大学生能谋取到一份高收入的工作,就能大幅提升大学生的自信心。

【谬误 5】刚毕业的大学生赚不到钱未必是工作不上心或玩物丧志的情况,也存在其他情况,比如所学与工作内容不相符、负责的项目搁置等。

【谬误 6】大学生谋求到一份高收入的工作未必能大幅提高大学生的自信心。高收入的岗位代表的是收入增加,但大学生在工作中可能会遇到打击、工作歧视等情况,未必能大幅提高自信心。

退一步讲,高收入的工作也是一部分大学生的必然需求。对于一部分家庭困难的大学生,高收入的工作能有效帮助家里缓解经济压力。而很多同学懊悔没有给家里帮上忙,无疑是由于没有找到高收入的工作。

【谬误 7】大学生懊悔没有给家里帮忙,未必和找到高收入的工作有关,也跟大学生的时间安排、工作强度、社会关系等因素相关。

参考范文

毕业生要重点选择高收入工作吗

原文通过一系列论证,试图说明"大学毕业生要重点选择收入高的工作"这个结论成立,但是该论证存在多处缺陷或漏洞,现分析如下。

首先,2020 年的毕业季数据无法代表现在毕业生的情况。在 2020 年有 81.9％的毕业生进入工资更高的企业工作,但今年并非 2020 年,2020 年的数据是历史数据,无法展现当今的情况。此外,北京地区的学生情况无法代表所有地区学生的情况,北京地区的学生相对来说具有生源好、企业关注度高等特征,无法代表所有地区的情况。

其次,满足自己物质方面的需求,未必需要高收入的工作。物质方面的需求的满足,也可以通过购买折扣产品、他人赠送、家里人提供等,而未必需要高收入的工作。此外,满足了物质需求也未必就能满足精神需求,满足物质层面后可能会继续追求物质方面的需要,而不一定就会满足精神需求。

再次,大学生谋求到一份高收入的岗位未必能大幅提高大学生的自信心。高收入的岗位代表的是收入增加,然而自信心的影响因素是多方面的,大学生在工作中可能会遇到打击、工作歧视等情况,这也可能会对自信产生打击。所以,大学生有一份高收入工作未必会提高自信心。

最后,大学生懊悔没有给家里帮忙,未必和找到高收入的工作有关。大学生能否给家里帮忙有多方面的影响因素,个人的时间协调、工作强度、是否有能力帮忙等方面也会影响,而未必和找到高收入的工作有关。

综上所述,原文在概念、论据和论证过程等诸多方面存在缺陷,因此要想得出原文结论,还需要更加严谨的论证。

第 12 题

真题解析

人们在处理问题时,容易掺杂着感性和理性两种不同的思维模式。相对来说,使用纯理性的思维能更好地解决问题。

纯理性的思维能快速分析问题。纯理性的思维是清晰逻辑的体现,这意味着可以直接发现问题,进而完全地解决该问题。同时,纯理性的思维能够将问题进行多角度拆分,如果仅从某一个视角考虑问题,那么是无法解决问题的。

【谬误 1】纯理性的思维是清晰逻辑的体现,不代表纯理性思维能发现问题的关键。纯理性的思维能帮助分析问题,但展现了逻辑不代表一定能发现问题关键,问题的关键有时会是一些细节的东西而非在逻辑中展现。

【谬误 2】如果仅从一个视角分析问题,未必不能解决问题。有些问题的产生是单方面的,从一个视角分析问题解决问题,可能更为明确和直接,而不容易将问题复杂化。

掺杂着感性的思维会对解决问题造成一定的阻碍。感性的思维包括人们的直觉判断、潜意识等,直觉是毫无科学依据的判断,根据直觉得到的结果是会走上错误道路的。此外,自身的情感会对理性产生干扰,阻碍理性思维的正常判断,导致问题更为复杂化。

【谬误 3】直觉并非毫无科学根据的判断,直觉也是个人根据自身的经验、经历和印象后做出的第一选择,更不能说直觉的结果会走上错误的道路。

【谬误 4】自身的情感未必会对理性产生干扰,有时在理性思考时辅以愉悦、轻松的情感,可以使理性思维更为敏捷,从而提高效率。

纯理性的思维也是目前主流思想的发展方向。纯理性的思维能够将所有事情都高效地处理,进而形成一套明确的实际解决方案。在此类榜样的影响下,会让人们更重视纯理性思维,并放弃感性思维。

【谬误 5】纯理性的思维未必能将所有事情都进行高效处理,纯理性可能会将问题拆分得更为细化,增加思考量和实际操作量,也会额外考虑一些无关的细枝末节的内容。

【谬误 6】在案例的影响下,人们未必会放弃感性思维。理性和感性并非完全冲突、只能取其一的关系,两者是可以相互促进的,在重视理性思维的情况下,也会促进感性思维的发展,而未必需要放弃感性思维。

参考范文

使用纯理性的思维能更好地解决问题吗

原文通过一系列论证,试图说明"使用纯理性的思维能更好地解决问题"这个结论成立,但是该论证存在多处缺陷或漏洞,现分析如下。

首先,纯理性的思维是清晰逻辑的展现,不代表纯理性思维能发现问题的关键。纯理性的思维能帮助分析问题,能够将事件的逻辑关系和内部情况清晰地捋顺,但展现了逻辑不代表一定能发现问题的关键,问题的关键有时会是一些细节的东西或是某些具象化的物品,而并非在逻辑关系上。

其次，直觉并非毫无科学根据的判断，直觉也是个人根据自身的经验、经历和印象后做出的第一选择，这些过往的经历和经验在做判断时具有较强的参照作用，并不能说是毫无根据的判断。此外，更不能说直觉的结果会走上错误的道路，直觉判断的结果有时可能比理性判断后得到的结果更为快速和明确，而不一定就会是错误的道路。

再次，自身的情感未必会对理性产生干扰，自身的情感不一定都是不好的影响，比如在心情愉悦、心态放松的情况下会加快理性思维的运转，在心态紧绷的情况下更有利于专注事务提高效率。所以，自身的情感未必会对理性产生干扰。

最后，纯理性的思维未必能将所有事情都高效处理，纯理性可能会将问题拆分得更为细化，增加思考量和实际操作量，也会额外考虑一些无关的细枝末节的内容。所以，纯理性的思维未必能将所有事情都高效处理。

综上所述，原文在概念、论据和论证过程等诸多方面存在缺陷，因此要想得出原文结论，还需要更加严谨的论证。

第 13 题

真题解析

"创业"是当下潮流,让许多不甘现状的人投入它的怀抱。对时下的大学生来说,"休学创业"已不再是"奇葩"行为,也不再是只属于美国的扎克伯格们的"天方夜谭",相反,为了国家的将来,应该鼓励大学生休学创业。

教育部在《关于做好 2015 年全国普通高等学校毕业生就业创业工作的通知》中提到:"各高校要建立弹性学制,允许在校学生休学创业"。国家政策都已经明确表示了态度,可见休学创业值得提倡。

【谬误 1】国家政策只是提到,高校要建立弹性学制,允许在校学生休学创业,但并不能过分得出是提倡休学创业。

对学生来说,休学创业百利而无一害。休学毕竟不是退学,即使创业失败了,还可以回来继续学业。一旦创业成功了,年纪轻轻就可以获得财富自由,岂不比上学划算得多?

【谬误 2】创业失败后,还可以继续学业,但这期间浪费的学习时间无法弥补,所以无法证明休学创业百利而无一害。

【谬误 3】创业成功,即使可以实现财富自由,但不能得出比上学划算。相反,知识的学习可能在未来帮助其取得更大的成就。

对学校来说,鼓励学生休学创业,也是一种很好的选择。休学创业的大学生真正毕业后走向社会找工作时一定会更加容易,而且还可以提高学校的就业率。

【谬误 4】休学创业的学生未来走向社会找工作一定更加容易,未免过于绝对。而且此处并没有与没有休学创业的学生进行对比分析。

美国的年轻人为什么创造力更强?是因为社会风气鼓励年轻人勇于尝试。像比尔·盖茨,这样的人物为什么在中国没有出现?就是因为我们的学校对学生管理太过严格,而把学生关在校园里读书是出不了创新型人才的。

【谬误 5】以比尔·盖茨为例来证明美国年轻人创造能力更强,明显有以偏概全之嫌。况且像比尔·盖茨这样的人物在中国没有出现不一定是因为对学生管理太严格。比尔·盖茨之所以取得成功,可能是因为其本身的个人能力。

总之,为了国家的将来,应该鼓励大学生休学创业。

【谬误 6】材料只考虑到休学创业可能带来的好处,但并没有考虑其也可能带来弊端,比如学生创业失败使学生的时间成本增加。

参考范文

应该鼓励大学生休学创业吗

上述材料通过一系列论证,得出"为了国家的将来,应该鼓励大学生休学创业"的结论,然而其论证过程中存在诸多缺陷,所以该论证是不足为信的。分析如下。

首先,国家政策只是提到,高校要建立弹性学制,允许在校学生休学创业,但并不意味着是鼓励大学生休学创业。允许与鼓励是两个意思,允许仅代表可以去做这个行为,但并没有鼓励的意味,就像高校允许学生结婚并不代表鼓励在校生结婚,所以不能混淆。

其次,休学虽然不是退学,即使创业失败了,还可以回来继续学业。但由于创业耽误的学习进度,可能需要花费更多的时间才能弥补回来。即使创业成功,就表述为可以实现财富自由,未免夸大其词,更不能凭此断定比上学划算,相反知识的学习可能在未来帮助其取得更大的成就。所以无法证明休学创业百利而无一害的结论。

再次,休学创业的学生未来走向社会找工作一定更加容易,未免过于绝对。相反,可能因为其创业导致获取学历的时间延长,不利于就业。而且此处并没有与没有休学创业的学生进行对比分析,或许没有参加休学创业的学生更加容易就业。

最后,以比尔·盖茨为例来证明美国年轻人创造能力更强,明显有以偏概全之嫌。况且像比尔·盖茨这样的人物在中国没有出现不一定是因为对学生管理太严格。比尔·盖茨之所以取得成功,可能是因为其个人能力。

综上所述,材料存在以上缺陷,要想得出"为了国家的将来,应该鼓励大学生休学创业"的结论,其论证还需进一步完善。

第 14 题

真题解析

在科技日益发展的今天，一家企业要有持续发展的动力，必须要重视人才，尤其对制造业来说更是如此。而如何让更多人才流向制造业？唯有提高技术型人才的薪资待遇。

近日，《人民日报》对三省六市 100 家企业的问卷调查结果显示，制造业吸引人才正面临"三难"：找不到、招不来、留不住。高达 73.08％ 的企业认为，目前企业迈向高质量发展的过程中唯一困难就是技术人才缺乏。

【谬误 1】过于绝对。企业迈向高质量发展的过程中往往困难重重，比如资金匮乏、管理不善、市场需求不旺盛、经济环境不佳等，而技术人才缺乏只是其中的一个困难，并非唯一的困难，论证过于绝对。

日前，《人民日报》在广州和深圳、青岛和潍坊、长沙和株洲三省六市详细调查 100 家企业面临人才的"三难"问题，说明制造业缺乏技术人才。

【谬误 2】以偏概全。三省六市的 100 家企业出现"三难"问题，可能具有其地域特殊性，比如薪资待遇给不到位或者因区域发展问题技术人才不愿意留下等，这些地区的情况是个例，说明不了全国制造业的情况。因此，无法说明制造业缺乏技术人才。

制造业引才频出招，一些传统制造业企业薪资相对较低，就努力把教育、医疗等生活配套做好，这样就会吸引技术人才。此外，股权激励也是很多高科技制造业的通行做法。员工持股，无疑会留住人才。

【谬误 3】条件不充分。吸引技术人才的条件众多，比如薪资高、晋升空间大、股权分红等，而把教育、医疗等生活配套做好只是其中的部分条件，仅凭它们不足以得出该结论。

【谬误 4】过于绝对。即使"员工持股"了，但是若公司管理不善、与市场需求不能很好对接，效益低下，那么何谈会留住人才。

但是，每个城市的招聘情况不一。一、二线城市招揽人才如火如荼，是因为地理位置好。而应届大学毕业生不愿意来三、四线城市，是因为地理位置不好。而且，技术人才容易被更高薪的互联网等企业"挖角"。一旦这些公司给出高薪，他们必走无疑。

【谬误 5】不当归因。一、二线城市招揽人才如火如荼，不能简单归因于地理位置好。与之相比可能更重要的是一、二线城市经济发展较快、公司提供的薪资相对较高、待遇较好、发展空间大、晋升快等，而大多数人倾向这些条件而选择去一、二线城市就业。

【谬误 6】存在他因。应届大学毕业生之所以不愿意来三、四线城市，可能是因为工资待遇低、发展空间小，心中有"大梦想"，想要大舞台，于是想去大城市打拼，与地理位置不好之间没有必然的联系。

【谬误 7】不必然推理。即使互联网公司给出高薪，但如果他们在原来的工作单位还存在合同限制，比如合同没有到期，违约赔偿；或者出于熟悉的工作环境、同事关系等未必会一定走。

总之，唯有提高技术型人才的薪资待遇，才能让更多人才流向制造业。

参考范文

唯有提高技术型人才的薪资待遇吗

上述文章通过多方面论证，得出"唯有提高技术型人才的薪资待遇，才能让更多人才流向制造业"的结论，然而其论证过程中存在诸多缺陷，所以该论证是不足信的。

首先，企业迈向高质量发展的过程中往往困难重重，比如资金匮乏、管理不善、市场需求不旺盛、经济环境不佳等，而技术人才缺乏只是其中的一个困难，并非唯一的困难，论证过于绝对。

其次，三省六市的 100 家企业出现"三难"问题，可能具有其地域特殊性，比如薪资待遇给不到位或者因区域发展问题他们不愿意留下等，这些地区的情况是个例，说明不了全国制造业的情况。因此，无法说明制造业缺乏技术人才。

再次，吸引技术人才的条件众多，比如薪资高、晋升空间大、股权分红等，而把教育、医疗等生活配套做好只是其中的部分条件，仅凭它们不足以得出该结论。此外，即使生活配套做好了，但是在工作上晋升无望，得不到较好发展，那么也未必会吸引技术人才。

最后，一、二线城市招揽人才如火如荼，不能简单归因于地理位置好。与之相比可能更重要的是一、二线城市经济发展较快、公司提供的薪资相对较高、待遇较好、发展空间大、晋升快等，而大多数人倾向这些条件而选择去一、二线城市就业。并且，应届大学毕业生之所以不愿意来三、四线城市，可能是因为工资待遇低、发展空间小，与地理位置不好之间没有必然的联系。

综上所述，材料要想得出"唯有提高技术型人才的薪资待遇，才能让更多人才流向制造业"的结论，还需进一步完善。

第 15 题

真题解析

　　智能手机行业在这几年经过了一个飞速发展阶段，手机的功能越来越多，配置越来越高，外观越来越精致，电池也从原来的可拆卸式变成了现在的一体式。其实手机还是采取可拆卸式的电池更加合理。

　　当年的手机厂商们之所以选择取消可拆卸电池的设计，最主要原因就是可拆卸电池的手机较笨重、不美观。而抛弃可拆卸电池，则可以很容易实现手机轻巧、美观的效果。

　　【谬误1】不当归因。手机厂商取消可拆卸电池的设计，可能是因为其电池技术的落后等其他原因，而不是因为手机笨重、不美观。

　　【谬误2】条件不充分。即使是因为可拆卸电池导致手机较笨重、不美观，也并不意味着，抛弃可拆卸电池，则可以很容易实现手机轻巧、美观的结果。

　　然而，相对于轻巧、美观来说，还是续航更加重要。以前手机电池可以拆卸的时候，大家用万能充提前给手机的备用电池充好电，没电时可以更换电池从而延长手机的续航时间，以防止手机没电的情况发生。而现在当手机没电时，则不能实现手机续航。

　　【谬误3】不必然推理。虽然现在的手机不能像以前可以用万能充给手机备用电池提前充好电，但是可以用充电宝给手机充电实现续航。

　　就在近日，有外媒报道称，欧盟正在制定一项提案，强制要求电子产品可以提供可拆卸电池功能，以减少电子垃圾的产生，所以，中国也该如此。

　　【谬误4】不当类比。欧盟与中国之间不能简单类比。

　　并且随着手机性能的提升，手机的功耗也在不断提升，唯有采取可拆卸式电池这种方式，才可以应对手机功耗过高的问题。

　　【谬误5】条件不必要。应对手机功耗过高的问题，可以通过其他方式来解决，而未必只有采取可拆卸式电池这一种方式。

参考范文

手机采取可拆卸式电池更加合理吗

　　上述文章通过多方面论证，得出"手机还是采取可拆卸式的电池更加合理"的结论，然而其论证过程中存在诸多缺陷，所以该论证是不足信的。现分析如下。

　　首先，手机厂商取消可拆卸电池的设计，可能是因为其电池技术的落后等其他原因，而不是因为手机笨重、不美观而取消的。即使是因为可拆卸电池导致手机较笨重、不美观，但要想实现手机轻巧、美观可能还需要优化其他硬件设计才可以实现。

　　其次，现在当手机没电时，由于没有可拆卸电池，则不能实现手机续航吗？未必。虽然现在的手机不能像以前可以用万能充给手机备用电池提前充好电，但是可以自己准备一个充电宝给手机充电实现续航，又或者通过方便快捷地共享充电宝来实现手机续航。说不能实现续航，未免过于绝对。

　　再次，欧盟制定提案，强制要求电子产品可以提供可拆卸电池功能，以减少电子垃圾的产生，并不意味着中国也同样如此。欧盟和中国之间导致电子垃圾产生的原因以及电子垃圾的种类可能并不相同，所以不能机械性地套用同一种方式。

最后，唯有采取可拆卸式电池这种方式，才可以应对手机功耗过高的问题吗？答案未必如此。应对手机功耗过高的问题，可以采取优化手机软件，提高其硬件的技术，又或者通过提高充电的速度来应对，说唯有采取可拆卸电池这种方式，过于绝对。

综上所述，材料论证存在以上缺陷，要想得出"手机还是采取可拆卸式的电池更加合理"的结论，还需进一步完善。

第 16 题

真题解析

从北大办学宗旨与办学历史看,北大是一所包容各种"偏才怪才"的学府。蔡元培老校长以独特的眼光发现了行伍出身的沈从文,包容了批评他的鲁迅,但李宇春作为娱乐明星来北大讲堂则是不合适的。

北大讲堂毕竟不是茶馆,讲堂只能交给底蕴深厚、智慧深广的有识之士,不可以不假思索、心血来潮就贸然让李宇春等娱乐明星走进北大。虽然文化具有一视同仁的特性,但娱乐文化与传统庙堂文化是不可调和的两种文化,所以让李宇春进课堂并不能体现大学对文化一视同仁的原则。

【谬误 1】大学讲堂只能交给底蕴深厚、智慧深广的有识之士不代表不可以让李宇春等明星走进北大。论证者将有底蕴、有智慧的人与娱乐明星相对立,实际上娱乐明星中也有专业实力强、有学识、有能力的人。

【谬误 2】娱乐文化与庙堂文化并非不可调和的两种文化,娱乐文化与庙堂文化只是基于当下社会现实的两种表现形式,二者并非不可调和,而李宇春进课堂正是将明星舞台与课堂讲台相结合,一定程度上可以体现大学对文化一视同仁的原则。

从文化自身角度来看,艺术也是文化的一部分,学校一定会培养出文化方面的专家和艺术表现力极强的人才,那么再把李宇春的艺术表演作为讲堂内容就是完全没有必要的。如果从明星的角度去看,他们带给大众娱乐,而大学讲堂是严肃严谨的,是传输人类最高智慧的地方,专家、教授在讲堂上只要严谨、求实,那就是对学子负责。那么让一个明星在学校唱歌,如何能对学子负责呢?

【谬误 3】前文说娱乐文化与传统庙堂文化是不可调和的两种文化,此处又认为艺术也是文化的一部分,是自相矛盾的。

【谬误 4】学校培养出的文化专家和艺术人才无疑在知识性上有一定的积累,但是并不代表李宇春的艺术表演进入课堂是完全没有必要的,因为李宇春具备大量的艺术表演实践,实际舞台经验丰富。

【谬误 5】专家、教授对学子负责不但需要严谨求实,还需要足够的学识和智慧。即使只要严谨求实就能对学子负责,明星唱歌也不是随意而为,有其自身的严谨性,如发声技巧、气息配合等,歌者出于专业性来给学子讲学也是能对学子负责的。

虽然我们不能强制为"学术"与"娱乐"划清界限,更不能因为人的身份而将其拒之门外。但我们应该清楚地认识到,大学讲堂的唯一使命就是传道授业解惑,这也不是明星能承担得了的。

【谬误 6】大学讲堂除了具有传道授业解惑的使命,还有塑造学生意志品质等使命,有些明星既有足够的专业能力,也有坚强的意志品质,足以负担大学讲堂的使命。

参考范文

李宇春来北大讲堂不合适吗

上述材料通过一系列分析,试图得出"李宇春作为娱乐明星来北大讲堂不合适"这一结论,然而该论证过程存在诸多逻辑漏洞,现分析如下。

首先,大学讲堂只能交给底蕴深厚、智慧深广的有识之士不代表不可以让李宇春等明星走进北大。论证者将有底蕴、有智慧的人与娱乐明星相对立,实际上娱乐明星中也有专业实力强、有学识、有能力的人。

其次,娱乐文化与庙堂文化并非不可调和的两种文化,娱乐文化与庙堂文化只是基于当下社会现实的两种表现形式,二者并非不可调和,而李宇春进课堂正是将明星舞台与课堂讲台相结合,一定程度上可以体现大学对文化一视同仁的原则。

再次,前文说娱乐文化与传统庙堂文化是不可调和的两种文化,其后又认为艺术也是文化的一部分,是自相矛盾的。另外,学校培养出的文化专家和艺术人才无疑在知识性上有一定的积累,但是并不代表李宇春的艺术表演进入课堂是完全没有必要的,因为李宇春具备大量的艺术表演实践,实际舞台经验丰富。

最后,专家、教授对学子负责不但需要严谨求实,还需要足够的学识和智慧。即使只要严谨求实就能对学子负责,明星唱歌也不是随意而为,有其自身的严谨性,如发声技巧、气息配合等,歌者出于专业性来给学子讲学也是能对学子负责的。

综上所述,上述材料论证过程存在着诸多逻辑漏洞,因此其得出"李宇春作为娱乐明星来北大讲堂不合适"的结论难以令人信服。

第 17 题

真题解析

一碗热气腾腾的泡面,是很多人从孩提时就挥之不去的味蕾记忆。方便面之所以能成为"国民食品",既离不开人们对时间和效率的重视,也因其有着足以支撑人们生活需要的品质。显而易见,方便食品已经不等于垃圾食品。

在当今时代,中国人依然重视时间和效率,同时也更加重视饮食的绿色和健康。被贴上"油炸""添加剂"等标签的传统方便食品,在满足人们绿色生活、健康发展的追求上将会进行重大改革,因此方便食品必然转型为绿色食品。

【谬误 1】如今中国人重视时间效率以及饮食的绿色健康,不代表传统方便食品将会进行重大改革,论证者以当下中国人所看重的食物品质主观预测将来方便食品的改革,有主观臆测之嫌。

根据今年报送的创新产品统计结果,60%以上的方便面放弃油炸,降油减盐趋势明显;调味包的"工业味"大幅降低,增加了天然配料和脱水蔬菜的应用;面条形态也在原有的基础上,增加了荞麦面、土豆面、刀削面、米粉等款式。由此可见,方便食品都实现了向绿色食品的转化。

【谬误 2】论证者由今年 60%的方便面放弃油炸转向天然配料来证明方便食品全都实现了向绿色产品的转化是非常牵强的。一方面,今年 60%的数据情况无法证明方便食品全都如此;另一方面,减少油盐、增加天然配料只是比之前健康一些,但绿色食品主要指无添加、无加工,由此不足以代表它向绿色食品转化。

同时,为了契合消费者健康、营养、安全的饮食理念,方便食品寻求着"正餐化"的契机。不久前,国家提出要大力促进主食产业化,支持推进主食制品的工业化生产、社会化供应等产业化经营方式,大力发展方便食品、速冻食品。有了这一政策支持和政府监管,方便食品便断然不敢再走垃圾食品的老路。

【谬误 3】国家促进主食产业化并且有一定的政策支持和监管不代表方便食品断然不敢走垃圾食品的老路。即使有国家的监管,仍可能有部分商家唯利是图、投机取巧来冒着风险生产垃圾食品或者用一些方式躲避国家监管。

事实上也是如此,在方便面的老家日本,方便面不仅没有被消费者嫌弃,人均消费量反而比中国更高,还专门建了两座博物馆来展示方便面的发展历史。可见,只要产品观念提升,宣传方便食品的合理性,那么这股美味就永远不再被当作垃圾,更不会消失。

【谬误 4】方便面永远不再被当作垃圾食品需要从食品质量上严格把控,提升食品制作的工艺,只是产品营销方式和产品观念的提升,无法从根本上改变方便食品的质量。

【谬误 5】日本方便面没有被消费者嫌弃、人均销量高可以说明其技巧宣传和文化营销较好,但是不代表其不再被当作垃圾食品。

综上,方便食品不再是垃圾食品,而会通过产业革新成为绿色正餐。

参考范文

方便食品已经不等于垃圾食品吗

上述材料通过一系列分析,试图得出"方便食品已经不等于垃圾食品"这一结论,然而该论证过程存在诸多逻辑漏洞,现分析如下。

首先,如今中国人重视时间效率以及饮食的绿色健康,不代表传统方便食品将会进行重大改革,论证者以当下中国人所看重的食物品质主观预测将来方便食品的改革,有主观臆测之嫌。

其次,论证者由今年 60%的方便面放弃油炸转向天然配料来证明方便食品全都实现了向绿色产品的转化是非常牵强的。一方面,今年 60%的数据情况无法证明方便食品全都如此;另一方面,减少油盐、增加天然配料只是比之前健康一些,但绿色食品主要指无添加、无加工,由此不足以代表它向绿色食品转化。

再次,国家促进主食产业化并且有一定的政策支持和监管不代表方便食品断然不敢走垃圾食品的老路。即使有国家的监管,仍可能有部分商家唯利是图、投机取巧来冒着风险生产垃圾食品或者用一些方式躲避国家监管。

最后,方便面永远不再被当作垃圾食品需要从食品质量上严格把控,提升食品制作的工艺,只是产品营销方式和产品观念的提升,无法从根本上改变方便面食品的质量。并且,日本方便面没有被消费者嫌弃、人均销量高可以说明其通过技巧宣传和文化营销较好,但是不代表其不再被当作垃圾食品。

综上所述,上述材料论证过程存在着诸多逻辑漏洞,因此其得出"方便食品已经不等于垃圾食品"的结论难以令人信服。

第 18 题

真题解析

　　农村环境质量是保障菜篮子、米袋子、水缸子安全的"命根子"。保不住这个底线,我们的健康福祉将成为空谈,而农村环境失守,归根结底,是农村环境保护长期缺位的结果。因此,只要加大对农村污染情况的关注度,根治农村污染并不难。

　　长期以来,国家及地方污染治理项目、资金的倾斜,使城市环境有了较大改观。相较之下,农村环境基础设施建设落后,常见到许多乡村没有基本的垃圾、污水收集设施,更谈不上就地处理,也就是说,农村污染防治机制完全没有开始,致使污染状况持续恶化。目前,农村既有生活污染、畜禽养殖污染、化肥农药使用导致的农业面源污染,还有工业点源污染。诸多被城市拒绝的重污染工业成了不少农村招商引资的香饽饽,这些重污染工业吞噬、蚕食着青山绿水,只有将这些企业逐出农村,才能使环境治理走上正轨。

　　【谬误1】农村环境基础设施建设落后,常见许多乡村没有基础设施并不代表农村污染防治机制完全没有开始。虽然乡村基础设施表现出尚不完善的特点,但是有可能其经济基础落后,防治机制的落实有一定的困难度,但不是完全没有开始。

　　【谬误2】只有将重污染源企业逐出农村,乡村环境治理才能走上正轨吗?虽然重污染源企业会为乡村环境带来各种污染物,但是在招商引资的同时也可以兼顾环境治理,甚至可以利用工业资源带来的经济收益助力污染治理。

　　客观地说,与城市居民一样,广大农村群众也有权利获得优质的环境公共设施,这可以保障数亿农村群众的身体健康。同时,由于拥有了同样优质的公共设备,农村群众得以身处更为良好的环境,这样就大大促进了社会公平正义。从更大的视野看,保住农村环境质量这个底线,百姓的健康福祉、终极的幸福都会成为现实。

　　【谬误3】农村群众得到与城市居民一样的公共设备就大大促进了社会的公平正义吗?论证者夸大了公共设施普及的作用,公共设施普及会使得农村群众身处良好的环境,但是社会的公平正义需要政策支持、经济平衡、教育引导等多方面的力量,仅有公共设备无法大大促进公平正义。

　　【谬误4】保住农村环境质量这个底线确实有助于百姓健康福祉、终极幸福的实现,但并非唯一条件,作者论断过于绝对。百姓的终极幸福更依靠内心的充实和人格的完整,而非仅仅靠农村环境质量。

　　可见,想要遏制农村污染加剧的趋势、根治农村污染,只需要我们改变当前环境保护的观念,提升农村环境治理意识即可。

参考范文

根治农村污染不难吗

　　上述材料通过一系列分析,试图得出"根治农村污染不难"这一结论,然而该论证过程存在诸多逻辑漏洞,现分析如下。

　　首先,农村环境基础设施建设落后,常见许多乡村没有基础设施并不代表农村污染防治机制完全没有开始。虽然乡村基础设施表现出尚不完善的特点,但是有可能是因为其经济基础落后,防治机制的落实有一定的困难,但不是完全没有开始。

其次,只有将重污染源企业逐出农村,乡村环境治理才能走上正轨吗?虽然重污染源企业会为乡村环境带来各种污染物,但是在招商引资的同时也可以兼顾环境治理,甚至可以利用工业资源带来的经济收益助力污染治理。

再次,农村群众得到与城市居民一样的公共设备就大大促进了社会的公平正义吗?论证者夸大了公共设施普及的作用,公共设施普及会使得农村群众身处良好的环境,但是社会的公平正义需要政策支持、经济平衡、教育引导等多方面的力量,仅有公共设备无法大大促进公平正义。

最后,保住农村环境质量这个底线确实有助于百姓健康福祉、终极幸福的实现,但并非唯一条件,作者论断过于绝对。百姓的终极幸福更依靠内心的充实和人格的完整,而非仅仅靠农村环境质量。

综上所述,上述材料论证过程存在着诸多逻辑漏洞,因此其得出"根治农村污染不难"的结论难以令人信服。

第 19 题

真题解析

最近,各种微博詈语成风,万人转载。微博体在网络上十分火爆,从"元芳体"到"流氓体",似乎成为时代的主流,而这种网络文化会导致社会氛围趋向低俗浮躁。

首先,"元芳体"和"流氓体"是文化娱乐精神的集中体现,这种嬉戏、调侃、玩世不恭的现象,无不反映出整个社会的浮躁和文化的低俗化,因为许多人在网络上借着网络自由肆意娱乐、调侃社会人事,这种浮躁现象极其可悲。

【谬误 1】网络上存在借着网络自由之说娱乐、调侃的现象不代表整个社会都是浮躁的、低俗的。事实上,"你怎么看"所传达的现象既有平等沟通、自由发表意见的积极作用,也有部分网友借机肆意娱乐,并不是整个社会都浮躁低俗。

同时,现实社会的一切公众话语都以娱乐的方式出现,并渐渐成为一种文化精神。我们的政治、宗教、新闻、体育、教育和商业都心甘情愿地成为娱乐的附庸,而且毫无边界,就像抖音上不仅有娱乐明星、网红的打榜,新闻演讲等主流媒介也参与其中。尼尔·波兹曼在"娱乐至死"中曾指出,如果这样下去"其结果是我们成了一个娱乐至死的物种",可以预言,世界将深深陷入低俗、浮躁的氛围中。

【谬误 2】论证者以新闻、演讲等主流形式进入抖音直播为例证明政治、宗教、新闻、体育、教育、商业心甘情愿成为娱乐的附庸,但主流形式只是借助直播形式传播而已,内容上并没有娱乐化,也不代表其自身已经成为娱乐的附庸。

【谬误 3】作者借尼尔·波兹曼在《娱乐至死》中的话来预言未来,一方面有诉诸权威的嫌疑,另一方面,即使现在世界有娱乐至死的趋势,但作者忽视了发展的可能性,人类可能及时、即刻发生转化,不一定会娱乐至死。

如果现代社会不及时刹车,贸然把文化变成一场娱乐至死的舞台,其结果就是使文化精神枯萎。一个泱泱大国,一个礼仪之邦,一个具有深厚文化底蕴和灿烂文明的国度,就应拥有绝对精粹,绝对独特,十分高尚、纯洁的文化,否则就不能称之为文明。

【谬误 4】礼仪之邦、有着文化底蕴的国度必须拥有绝对独特、高尚、纯洁的文化才能被称作文明吗？显然不是,文明指的是社会发展水平较高的文化状态,但不代表是绝对高尚纯洁的,文化的内容和形态都不是非黑即白的。

每个公民都应尊重、爱护世界的文化。减少日常生活的娱乐性,就能避免浮躁、低俗氛围的形成,使我们的文明洁净、厚重,使我们的文化健康发展。

【谬误 5】减少日常生活的娱乐性就能避免浮躁、低俗氛围的形成吗？此论断过于草率,避免浮躁、低俗社会氛围的形成需要人们着眼于自身价值的发掘、人生意义的思考和踏实地生活,并非减少生活的娱乐性就能达到。

参考范文

网络娱乐文化只会导致社会氛围趋向浮躁吗

上述材料通过一系列分析,试图得出"网络娱乐文化只会导致社会氛围趋向浮躁"这一结论,然而该论证过程存在诸多逻辑漏洞,现分析如下。

首先,网络上存在借着网络自由之说娱乐、调侃的现象不代表整个社会都是浮躁的、低俗的。事实上,"你怎么看"所传达的现象既有平等沟通、自由发表意见的积极作用,也有部分网友借机肆意娱乐,并不是整个社会都浮躁低俗。

其次,以新闻、演讲等主流形式进入抖音直播为例证明政治、新闻等心甘情愿成为娱乐的附庸,但主流形式只是借助直播形式传播而已,内容上并没有娱乐化,也不代表其自身已经成为娱乐的附庸。此外,作者借尼尔·波兹曼在《娱乐至死》中的话来预言未来,作者忽视了发展的可能性,人类可能及时、即刻发生转化,不一定会娱乐至死。

再次,礼仪之邦、有着文化底蕴的国度必须拥有绝对独特、高尚、纯洁的文化才能被称作文明吗? 显然不是,文明指的是社会发展水平较高的文化状态,但不代表是绝对高尚纯洁的,文化的内容和形态都不是非黑即白的。

最后,减少日常生活的娱乐性就能避免浮躁、低俗氛围的形成吗? 此论断过于草率,避免浮躁、低俗的社会氛围形成需要人们着眼于自身价值的发掘、人生意义的思考和踏实地生活,并非减少生活的娱乐性就能达到。

综上所述,上述材料论证过程存在着诸多逻辑漏洞,因此其得出"网络娱乐文化只会导致社会氛围趋向浮躁"的结论难以令人信服。

第20题

真题解析

近两年,城管与小贩之间的紧张关系成了人们的饭后之谈,城管与小贩之间时刻都在上演着一场"猫捉老鼠"的游戏。但是只要改善管理方式,城管与小贩就能化干戈为玉帛。

首先,在繁华的大街上,随处可见小贩占道摆摊,风雨不变,他们在摊位上操劳着,他们乐意这样吗?他们甘于这样被城管东赶西跑吗?所以,在路边摆摊也无可厚非,因为他们都是为了养家糊口。有关研究表明,商业集群有利于盈利。那么,政府应当把小贩集中起来,为他们建立一个市场,酌情收取些许摊位费,这样一定会获得治安和赚钱的双赢局面。

【谬误1】小贩东奔西跑是为了养家糊口就无可厚非吗?养家糊口不是一定要用在街道上违规摆摊的方式,此处诉诸情感。如果能以合理合法的方式赚取收益,对公共交通、公共利益和自身效率会更好。

【谬误2】有关研究不一定能直接应用于政府集中小贩。小贩占道售卖就是不愿承担场地费用,同时还可以随需走动,不用固定在一处。所以即使政府建立市场而酌情收取摊位费,也会有小贩不愿加入。

其次,国民的素养都有待提高。无论是城管,还是小贩,他们的素养都有待提高。素养的提高需要培训和引导,对此,只要政府部门在各地区开展培训班,在重点培养城管素养的同时给小贩们树立道德是非善恶观,双方就能消除矛盾。

【谬误3】开展培训班有利于给予城管和小贩提升素养的引导,但是素养的提升只是更加有利于双方解决矛盾,应对矛盾。要想真正消除小贩占道卖货的根本矛盾还需要加入小贩谋生方式指导、道路设计规划等更加完备的考量。

再次,没有探索出适合本国国情的城市管理执法体系是"小贩""城管"存在嫌隙的根源。近日,新的城管制服一亮相,人们议论纷纷,高铁头盔、电棍、甲级防护盾,人们感叹:"这是特种兵来管理小贩吗?"一套冰冷的制服拉不近城管与小贩的关系,这种方式毫无益处。有关部门应完善当前的法律制度,成立城管巡回法庭,改善管理方式。

【谬误4】冰冷的制服虽然不是最好的应对方式,但也并非毫无益处。城管管理过程中小贩在生存工具被没收等情况下有时易情绪失控,制服能够在一定程度上保护城管人身安全。

"相逢一笑泯恩仇"会成为朋友;"化干戈为玉帛"会成为兄弟姐妹,只要给予新的管理方式,城管和小贩一定会和谐相处、共创街道平安。

参考范文

改善管理方式就能解决城管与小贩矛盾吗

上述材料通过一系列分析,试图得出"改善管理方式就能解决城管与小贩矛盾"这一结论,然而该论证过程存在诸多逻辑漏洞,现分析如下。

首先,小贩东奔西跑是为了养家糊口就无可厚非吗?养家糊口不是一定要用在街道上违规摆摊的方式,此处诉诸情感。如果能以合理合法的方式赚取收益,对公共交通、公共利益和自身效率会更好。

其次，有关研究不一定能直接应用于政府集中小贩。小贩占道售卖就是不愿承担场地费用，同时还可以随需走动，不用固定在一处。所以即使政府建立市场而酌情收取摊位费，也会有小贩不愿加入。

再次，开展培训班有利于给予城管和小贩提升素养的引导，但是素养的提升只是更加有利于双方解决矛盾，应对矛盾。要想真正消除小贩占道卖货的根本矛盾还需要加入小贩谋生方式指导、道路设计规划等更加完备的考量。

最后，冰冷的制服虽然不是最好的应对方式，但也并非毫无益处。城管管理过程中小贩在生存工具被没收等情况下有时易情绪失控，制服能够在一定程度上保护城管人身安全。

综上所述，上述材料论证过程存在着诸多逻辑漏洞，因此其得出"改善管理方式就能解决城管与小贩矛盾"的结论难以令人信服。

第 21 题

真题解析

进入 8 月,景点暑期旅游相继进入旺季。部分旅游景区高票价和"差体验"的矛盾再次凸显,各地需谨防景区再度被"门票经济"绑架。其实,"门票经济"不是问题。

根据国家旅游部门专家组的研讨,认为中国经济未来的发展方向应当是:拆掉景区"门票经济"围墙。但是,由旅游资源的不可替代所导致的天然性垄断,使景区经营依靠门票收入成为完全不可避免的事情。

【谬误 1】旅游资源的不可替代并不代表景区经营要完全依靠门票收入。景区的经营还可以通过景点特色餐饮的入驻、文创周边的创新、新兴活动的融合来增加景区的收入来源,依靠门票并不是不可避免。

诚然,独特的、不可替代的景点特质,着实让景区管理者在与游客的利益博弈中占据优势。只要将低价位的老景点与高品位的新服务有机融合,就能让人们涌起重返景区或携家旅游的休闲热情。

【谬误 2】将低价位的老景点与高品位的新服务有机融合,必然能让人们涌起重返景区或携家旅游的休闲热情吗?不一定,有些低价位的老景点已经失去了它自身的特色和味道,甚至商业化过于浓重,即使有高品位的新服务,也无法让人们重返景区。

更为重要的是,人们根本不痴迷于景区的景点,而更在意旅游体验的舒适感和景区服务的人性关怀。只要有了服务品位,景区就不会再成为"门票经济"的代名词。思路一变天地宽,解决"门票经济"问题,关键是要破除封闭式旅游的思维枷锁,把景点经营纳入旅游产业化的宏大格局,有了这一观念,模式转换将轻而易举。

【谬误 3】人们根本不痴迷于景区的景点而在意旅游体验吗?不一定,仍然有人是为了景点的特色景观慕名前往,并且旅游体验很大程度上也取决于景点的自然性、人文性、前沿性,所以无法得出"只要有了服务品位,景区就不会再成为'门票经济'的代名词"的结论。

【谬误 4】有了"把景点经营纳入旅游产业化的宏大格局"这一观念,"门票经济"模式的转换将轻而易举吗?论证者拿观念设想将来,事实上观念和想法的提出无法预设将来的结果。

并且,部分景区推出"去门票化"的创新实践,已实现经济与社会效益的"双赢"。比如,华山和敦煌共推的整合营销产品,既让游客免费领取到敦煌 6 个景区门票,也使敦煌景区有了 5 倍于门票的吃住行购消费收入。照此劲头发展下去,"门票经济"迟早会得到解决。

【谬误 5】部分景区推出"去门票化"的创新实践实现经济与社会效益的"双赢"无法得出全国景区都能通过这种方式解决问题。华山和敦煌景区本身就是国内最有知名度的景观之二,它们的合作无法代表更多中小景点面临的困境。

综上,与"门票经济"靠山吃山的思维不同,全域旅游着眼于消费环境的改善,带来了"人气＋财气","门票经济"问题已不是问题。

参考范文

"门票经济"问题已经不是问题吗

上述材料通过一系列分析,试图得出"'门票经济'问题已经不是问题"这一结论,然而该论证过程存在诸多逻辑漏洞,现分析如下。

首先,旅游资源的不可替代并不代表景区经营要完全依靠门票收入。景区的经营还可以通过景点特色餐饮的入驻、文创周边的创新、新兴活动的融合来增加景区的收入来源,依靠门票并不是不可避免。

其次,将低价位的老景点与高品位的新服务有机融合,必然能让人们涌起重返景区或携家旅游的休闲热情吗?不一定,有些低价位的老景点已经失去了它自身的特色和味道,甚至商业化过于浓重,即使有高品位的新服务,也无法让人们重返景区。

再次,人们根本不痴迷于景区的景点而在意旅游体验吗?不一定,仍然有人是为了景点的特色景观慕名前往,并且旅游体验很大程度上也取决于景点的自然性、人文性、前沿性,所以无法得出"只要有了服务品位,景区就不会再成为'门票经济'代名词"的结论。

最后,有了"把景点经营纳入旅游产业化的宏大格局"这一观念,"门票经济"模式的转换将轻而易举吗?论证者拿观念设想将来,事实上观念和想法的提出无法预设将来的结果。另外,部分景区推出"去门票化"的创新实践实现经济与社会效益的"双赢"无法得出全国景区都能通过这种方式解决问题。华山和敦煌景区本身就是国内最有知名度的景观之二,它们的合作无法代表更多中小景点面临的困境。

综上所述,上述材料论证过程存在着诸多逻辑漏洞,因此其得出"'门票经济'问题"已经不是问题的结论难以令人信服。

第 22 题

真题解析

现在网上争论最厉害的事就是"国人到底该不该买外国品牌手机"。有的人支持外国品牌手机,认为其质量好、拍照清晰、使用时间长。但其实,国人就不应该使用外国品牌手机,因为国产手机有以下几个方面的优势。

国产手机信号、通话的清晰度与降噪收音要比外产手机好。如果你在和客户通电话过程中,手机信号很差,或者总是漏掉客户的重要电话,就必然会给客户一种不专业、不认真的感觉。

【谬误 1】如果在和客户通电话时,手机信号不好或是漏掉电话,未必会给人一种不专业、不认真的感觉。有可能是对方信号差,同时手机信号不好是客观原因,不专业、不认真是主观上的态度不好。

同时,双卡双待的国产手机甩外产手机几条街。现如今人人都有双卡需求,由于手机可以同时待机两个手机卡,这样我们就可以将工作和生活分开,工作一个号,生活一个号,同时,还可以在一个手机卡无法接听的情况下,使用另一个手机卡进行通话,绝对不会错过重要的信息。此外,只要使用了双卡双待的国产手机,就能够彰显身份,提高使用者的档次。

【谬误 2】一个手机卡无法接听的情况下,使用另一个手机卡进行通话,未必不会错过重要的信息。是否能接收到重要信息主要取决于手机信号、对方是否知道另一个号码等其他因素,并非换个卡就能解决该问题。

【谬误 3】彰显一个人的身份,提高档次不仅仅依靠使用双卡双待的手机,还取决于职业、学识、能力等其他因素。

在性价比方面,国产手机也略胜一筹,因为买手机最大的制约因素无疑就是资金预算。外国品牌手机的价格普遍是中高端水平,目前在售的机型中,最低的价格是 3 299 元左右,但是国产手机的在售机型中,价格在 899~16 999 元不等。因此相对于外国品牌来说,国产手机每个价位都有,覆盖率更广,完全可以满足所有消费者的不同需求。

【谬误 4】买手机最大的制约因素不一定是资金预算,还有可能是考虑到手机的性能、外观、品牌等方面,文中显然过于绝对。

【谬误 5】不能因为国产手机各种价格都有,就简单判断为可以满足全部消费者的需求,消费者关注维度包括品牌、配置、功能、质量、外观等,不只是价格。

一项某高校大学生手机使用品牌调查报告显示,72.6% 的人使用国产品牌手机,其余使用外国品牌手机的人占 27.4%,由此可以看出,国产手机还是十分受欢迎的,就不应该使用外国品牌手机。

【谬误 6】该项调查未必具有代表性,因为调查的人群只是某高校大学生,其代表不了全社会总人群的观点。

总而言之,无论是在信号、双卡双待,还是性价比方面,国产手机都表现得很好,因此,国人不应再购买外国品牌手机。

参考范文

国人不该使用外国品牌手机吗

上述材料通过一系列分析,试图得出"国人不应该使用外国品牌手机"这一结论,然而该论证过程存在诸多逻辑漏洞,现分析如下。

首先,如果在和客户通电话时,手机信号不好或是漏掉电话,必然会给人一种不专业、不认真的感觉吗?这一观点值得商榷。一方面,信号不好也有可能是对方的问题,另一方面,手机信号不稳定是客观因素,是不可抗力,跟客户解释清楚即可,并非会给人不专业、不认真的感觉。

其次,只要使用了双卡双待的国产手机,就能够彰显身份,提高使用者的档次吗?其实不然。彰显一个人的身份,不仅仅依靠使用双卡双待的手机,还需考虑一个人的职业、学识、能力等其他方面,并非简单的外在因素就可以提高使用者的档次。

再次,买手机最大的制约因素未必就是资金预算,不能成为国产手机在性价比方面略胜一筹的有力论据。每个消费者的消费能力不同,有的消费者无须考虑资金方面的问题,更大程度上注重的是手机的品牌、拍照功能、质量、续航程度等多种因素,因此,购买手机更多的是出于综合因素考虑,不能简单归因于资金预算。

最后,一项某高校大学生手机使用品牌调查报告难以说明国产手机是十分受欢迎的,现在就不应该使用外国品牌手机。该项调查未必具有代表性,因为调查人群只是某高校大学生,其无法代表所有社会群体的观点。此外,高校大学生没有稳定的经济来源,相较于其他人,可能更注重价格等因素,该调查对象若扩展到不同的社会人群,则该论证就不具有说服力了。

综上所述,上述材料论证过程存在着诸多逻辑漏洞,因此其得出的"国人不应该使用外国品牌手机"的结论难以令人信服。

第 23 题

真题解析

　　大学英语四级考试是教育部主管的一项全国性教育考试,其目的是对大学生的实际英语能力进行客观、准确的测量,为大学英语教学提供服务。但在实际落实中,四级考试已经与其意义相悖,因此,现在不应设置大学英语四级考试。

　　时过境迁,社会在发展,当初的设立目的已经不再适合现如今的中国。比如写作部分,虽说是一种交互式交际语言能力测试,但是,题型单一、套用模式,很像过去的八股文。而在漫长的历史中,八股文已然因为其缺乏实用性,没有存在价值被更先进的模式所替代,同样四级考试作为一个旧时代的事物,难道不该被更适合当代中国、更全面系统的新模式所替代吗?

　　【谬误 1】 不能由于八股文已经缺乏实用性被替代,就得出大学英语四级考试也同样会被替代。八股文代圣贤立言,远离现实,只能作为博取科举功名的“敲门砖”,别无他用,但是四级考试可以锻炼学生听、说、读、写能力,显然二者不能简单类比。

　　现在四级的含金量越来越低,社会上也越来越不认可了,因为招聘方已经从重学历转为重能力。即使你通过四级考试,仍然会将你拒之门外,这种情况在上海等大城市是很普遍的。同时,从我们接触英语开始,便有各种各样的考试,何况,还有一个与四级考试难度差异不大,同学们更为重视的高考英语,因此就不必浪费财力、物力再次进行考试了。

　　【谬误 2】 招聘方已经从重学历转为重能力,推不出四级含金量低,社会不认可,通过四级考试,招聘方还会拒之门外也有可能是由于学生个人能力不强、经验不足,不能成为四级含金量低的论据。

　　【谬误 3】 高考英语和四级在听力、词汇量、语法等方面有很大差距,因此,不能因为二者都是英语考试,就用高考英语代替四级考试。

　　测试的目的在于推动英语的教学,现如今确实适得其反,了解和从事教育工作的人都知道,测试会有一定的影响,这种影响对英语教学工作产生了不可忽视的消极作用。测试内容势必会限制大学英语教师和学生的英语学习,进而降低他们学习英语的积极性、自主性。可见四级考试的存在已然失去了意义,由于四级考试没有意义,就会有越来越多的学生缺考,这样一来,为何还要设置大学英语四级考试呢?

　　【谬误 4】 测试会有一定的影响,不意味着这种影响会对英语教学工作产生不可忽视的消极作用。英语测试的影响有负面的,也包含正面影响,有可能正因为有了测试,教师和学生更加重视英语的学习。

　　【谬误 5】 测试内容未必会限制大学英语教师和学生的英语学习,也未必进而降低他们英语学习的积极性、自主性。

　　【谬误 6】 越来越多的学生缺考,不去参加考试,不一定是由于四级考试没有意义,还可能因为学生临时有事,或者身体不适等因素。

参考范文

不应设置大学英语四级考试吗

上述材料通过一系列分析,试图得出"四级考试已经与其意义相悖,现在不应设置大学英语四级考试"这一结论,然而该论证过程存在诸多逻辑漏洞,现分析如下。

首先,不能由于八股文已经缺乏实用性被替代,就得出大学英语四级考试也同样会被替代。八股文代圣贤立言,远离现实,只能作为博取科举功名的"敲门砖",别无他用,但是四级考试可以锻炼学生听、说、读、写能力,对学生未来发展有一定益处,显然二者不能简单类比。

其次,由招聘方已经从重学历转为重能力,通过四级考试,招聘方还会拒之门外,推不出四级含金量低,社会不认可。也有可能是由于学生的其他方面没有达到招聘要求,如个人能力不强、经验不足等问题,都会成为招聘方不聘用学生的原因,因此上述不能成为四级含金量低的论据。

再次,测试会有一定的影响,不意味着这种影响会对英语教学工作产生不可忽视的消极负面作用。英语测试的影响有负面的,但也包含正面影响,有可能正因为有了测试,让老师和学生都了解到了英语的重要性,更加重视对于英语的教授和学习。

最后,越来越多的学生缺考,不去参加考试,不一定是由于四级考试没有意义。四级的意义是客观因素,还存在主观因素导致学生不参加考试,例如学生本身不愿意考试、害怕考试、临时有事,或者身体不适等因素,进而就无法得到不应设置大学英语四级考试的结论。

综上所述,上述材料论证过程存在着诸多逻辑漏洞,因此其得出的"四级考试已经与其意义相悖,现在不应设置大学英语四级考试"的结论难以令人信服。

第 24 题

真题解析

在短视频平台上,不少情感主播打着伸张正义的旗号,以连麦或现场调解的方式,处理着一桩桩情节离奇的家庭纠纷。但是,要是真想依靠直播间主播解决自家的情感问题,那可就太不靠谱了。

情感主播往往以其伸张正义,处理家庭纠纷的方式在直播间收获大量人气,然而事实当真如此吗?有知情人士爆料,直播中每一桩情节离奇的家庭纠纷背后都是一个个写好的剧本。在这个利益链条上,麦手,即所谓家庭纠纷的当事人,出钱买剧本并熟背。情感主播连麦调解,来增加自己直播间的人数和流量。一旦流量增长趋于稳定,情感主播们就会开始进行他们最终的环节——带货谋利。麦手从主播的手里赚钱,主播从粉丝的手里赚钱,最后粉丝成了这场戏剧的付款人。

【谬误 1】直播中每一桩情节离奇的家庭纠纷背后未必都是剧本,材料显然过于绝对,也有可能情感主播搜集到了真实发生的故事,是真实存在的,并非虚假,同时,"知情人士"的爆料有诉诸权威之嫌。

【谬误 2】情感主播开始带货谋利不一定只考虑流量增长稳定,如果流量增长稳定,但用户不接受带货行为,反而未必能谋利,相反,流量稳定的情况下可能会激励情感主播做好自己直播内容,不一定就带货谋利。

这些情感主播都是为了谋利,情感直播只是为谋利披上了一层情感的外衣,使其更具有隐蔽性和欺骗性。另外这些情感主播的直播对象之所以多为中老年群体,在直播中设置陷阱,进行虚假宣传与情感裹挟,是因为这些老年群体贪图小便宜,购买能力强。

【谬误 3】情感主播的实质不一定都是为了谋利,也有可能主播是真心实意地想要为用户解决家庭矛盾纠纷,进而获取流量和热度,提升自身直播内容,因此后文"情感直播只是为谋利披上了一层情感的外衣,使其更具有隐蔽性和欺骗性"的结论也不成立。

【谬误 4】直播对象为老年群体,在直播中设置陷阱进行虚假宣传与老年人贪图小便宜、购买能力强并非简单的因果关系,还有可能是由于老年人本身网络安全意识薄弱、缺少网络判断能力等因素。

作为普通用户,我们要擦亮眼睛,理性看待短视频平台的情感调解。我们很难辨别这些情感主播的背后的套路,尤其是网络判断能力差的中老年群体,我们唯一能做的就是不要再观看直播,不接受这些情感主播的套路,捂好自己的钱包,因为对于心怀不轨的情感主播来说,花钱买不到情感,但"感情"可以拿来变现。

【谬误 5】对于网络判断能力差的中老年群体,要想辨别情感主播背后的套路,不一定只有不再观看直播,可以通过宣讲教育,有针对性地对老年群体进行互联网使用培训,增强他们自身素质。

参考范文

依靠情感主播解决问题不靠谱吗

上述材料通过一系列分析,试图得出"依靠情感主播解决问题并不靠谱"这一结论,然而该论证过程存在诸多逻辑漏洞,现分析如下。

首先,直播中每一桩情节离奇的家庭纠纷背后都是一个个写好的剧本吗?该结论值得商榷。材料显然过于绝对,也有可能情感主播搜集到了真实发生的故事,是真实存在的,或是观众自己主动找到了情感主播,想要解决家庭的矛盾,并非虚假。同时,"知情人士"的爆料有诉诸权威之嫌。

其次,情感主播开始带货谋利不一定只考虑流量增长稳定,如果流量增长稳定,但用户不接受带货行为,反而适得其反,流失受众之后未必能谋利,恰恰相反,流量稳定的情况下可能会激励情感主播做好自己直播内容,不一定就带货谋利。

再次,情感主播的实质不一定都是为了谋利,也有可能主播是真心实意地想要为用户解决家庭矛盾纠纷,进而获取流量和热度,提升自身直播内容,因此后文"情感直播只是为谋利披上了一层情感的外衣,使其更具有隐蔽性和欺骗性"的结论也不成立。

最后,直播对象为老年群体,在直播中设置陷阱进行虚假宣传与老年人贪图小便宜、购买能力强并非简单的因果关系,还有可能是由于老年人本身网络安全意识薄弱、缺少网络判断能力等因素。对于网络判断能力差的中老年群体,要想辨别情感主播背后的套路,不一定只有不再观看直播,可以通过宣讲教育,有针对性地对老年群体进行互联网使用培训,增强他们自身素质。

综上所述,上述材料论证过程存在着诸多逻辑漏洞,因此其得出的"依靠情感主播解决问题并不靠谱"的结论难以令人信服。

第 25 题

真题解析

通俗来讲,侥幸心理是一种普遍存在的正常心理,指的是一种"试一试,万一就成功了"的心态。需要明确的是,事情一旦过度都会有不好的后果,一种好的品质用于坏的方面也会导致不好的后果,所以今天讨论侥幸心理时应该抛去刻板印象,去研究这种心理本质对于人的意义。

毫无疑问,人性本身并没有优劣之分,但将侥幸心理用在不正当的地方自然会产生不好的影响,可这并不是由侥幸心理本身所造成的。正如自信是人性的优点,可自信过头了便是自负。虽然侥幸过了头,便容易不思进取。但是,侥幸心理的本质仍然是人性的优点。

【谬误1】前文谈到,人性本身没有优缺之分,后文又将侥幸心理归结到是人性的优点,显然前后自相矛盾。

【谬误2】不当类比,"自信过头是自负,谨慎过头是唯诺"无法类比到"侥幸过头会不思进取"。因为自信、谨慎都是褒义词,将其过度化才会变为贬义词,但侥幸是贬义词,二者不可简单等同。

侥幸心理会促进人的探险精神,因为人要想进步、要想成功,冒险精神是不可少的。每个人都知道眼前的路是不平坦的,是止步不前还是去尝试,这需要抉择。但人是脆弱的,在艰难面前可以给自己一个心理暗示——也许事情会一帆风顺呢?这也会在以后的奋斗路上少些压抑,多些乐观。

【谬误3】人要想进步,要想成功,未必需要冒险精神,有的人成功靠的是自身坚持不懈的努力,有的人成功靠的是勤奋与运气,还有的人依靠自身的天赋,因此,缺少冒险精神,也可以成功。

正是因为侥幸心理存在,我们才会对某一事物有美好的向往,进而做出选择。在这个过程中,我们是无法把握风险的,没有证据证明我们一定会成功,甚至成功的意义也不甚明了,但是对社会上价值观正常的人而言,它一定会促使我们去行动。我们因自己的选择不合乎自己对未来的向往,就认为侥幸心理也是人性的缺点,这对侥幸心理是不公平的,希望我们摘下有色眼镜再去看待侥幸心理。

【谬误4】我们对某一事物有美好的向往,进而做出选择,不一定是因为侥幸心理存在。对事物有向往,很可能是由于事物本身吸引人,有一定吸引力,显然前后并无因果关系,即使没有侥幸心理,人们也会对很多事物产生期待和向往。

【谬误5】侥幸心理一定会促使人们行动吗?答案是否定的。拥有侥幸心理的人很可能会产生惰性,对任何事情自己不采取行动,不思进取,仅等待着灾难不会掉在自己头上,一味地认为不好事情不会发生,这反而是一种逃避。

参考范文

侥幸心理是人性的优点吗

上述材料通过一系列分析,试图得出"侥幸心理是人性的优点"这一结论,然而该论证过程存在诸多逻辑漏洞,现分析如下。

首先,前文谈到,人性本身没有优缺之分,后文又将侥幸心理归结到是人性的优点,显然前后自相矛盾。与此同时,"自信过头是自负,谨慎过头是唯诺"无法类比到"侥幸过头会不思进取"。因为自信、谨慎都是褒义词,将其过度化才会变为贬义词,但侥幸是贬义词,二者不可简单等同。

其次,材料认为"人要想进步,要想成功,冒险精神必不可少",这一观点值得商榷。有的人成功靠的是自身坚持不懈的努力,有的人成功靠的是勤奋与运气,还有的人依靠自身的天赋,因此,即使没有冒险精神,也是可以成功的。

再次,我们对某一事物有美好的向往,进而做出选择,不一定是因为侥幸心理存在。对事物有向往,很可能是由于事物本身吸引人,或是对个人本身有一定好处,显然前后并无因果关系,即使没有侥幸心理,人们也会对很多事物产生期待和向往。

最后,侥幸心理一定会促使人们行动吗?答案显然是否定的。拥有侥幸心理的人很可能会产生惰性,对任何事情自己不采取行动,不思进取,仅等待着灾难不会掉在自己头上,一味地认为不好事情不会发生,这反而是一种逃避。

综上所述,上述材料论证过程存在着诸多逻辑漏洞,因此其得出的"侥幸心理是人性地优点"的结论难以令人信服。

下篇　论说文解析

第 1 题

真题解析

材料审题类型：寓言故事型。

参考立意：居安思危/未雨绸缪/抓住时机。

简析：以蝉和蚂蚁的对话对二者行为及相应结果进行对比，明显要我们择其一而论证，通过"这时才"可见材料不建议蝉的做法。

参考范文

居安思危求生存

蝉认为自己是一个天生的歌唱家，在本该忙碌储存粮食的夏天，天天唱歌。在寒冬来临时，才发现自己连一点食物都没有找到。这启示我们，在企业的发展过程中要居安思危、未雨绸缪。

任何事物的发展都不会一帆风顺，当处于顺境时，要思考未来可能遇到的问题并及早做准备。就像材料中的蚂蚁一样，在夏天的时候为寒冬来临做好食物储备，而非像蝉在凛冽的寒风中寻找食物。企业的发展中，也需要有蚂蚁这种居安思危的意识。

企业的"居安思危"，指的是即使处在平稳运行的环境中，也要全方位地思考未来可能会面临的危险、困境，站在时代的潮流之上，时刻了解自身发展状况，增强在竞争中的优势，提高警惕，以防因故步自封而走上下坡路。

一方面，居安思危能防止企业走向衰落。在经济发展迅速、社会环境不断改善、科技水平不断提高的今天，企业可能会因为过度沉浸于自我的优越感之中，而忽视了来自周围的危机和挑战。但其实任何一个企业，即使在鼎盛时期，也会有许多隐患存在。正如蝉一样，在愉悦舒适的夏天，隐藏着寒冬的饥饿。因此，要摒弃盲目的优越感，树立必要的忧患意识，以防企业危机来临时而陷入低谷。

另一方面，居安思危能推动企业稳步发展。企业除保持良好的企业文化、正确的战略外，还需有忧患意识，每个阶段稳定发展才是企业成功的关键。中国古语有云："生于忧患，死于安乐。"市场瞬息万变，竞争异常激烈。企业应具备切实的忧患意识，才能在保持自身稳步发展的同时，变得更大、更强，走得更快、更远。如果缺乏必备的危机意识，企业极有可能被市场的浪潮浇灭前进的动力和未来的希望。

当然，需要注意的是，我们所倡导的居安思危是一种危机观念和应对危机的行动，企业无须患得患失、如履薄冰。

综上所述，企业何不在顺境中看未来，在危机中求生存，居安思危助力自身发展。

第 2 题

真题解析

材料审题类型：说理型。

参考立意：企业、社会的资源分配问题/公平。

简析：以古文引出话题，并且对"不患寡而患不均"一句细化解释，说明了出题人注重讨论后一句，即资源总量不怕少而怕分配不均的问题。

参考范文

公平分配资源势在必行

《论语》中"不患寡而患不均"指的是：不怕东西少就怕分配不均匀。这也在启发我们，在社会发展中，我们需要关注社会的资源分配问题。

资源是指社会经济活动中人力、物力和财力的总和，是社会经济发展的基本物质条件。相对于人们的需求而言，资源总是表现出相对的稀缺性，这时公平分配资源显得尤为重要。当然，公平分配资源并不是平均分配资源，公平不等同于平均。公平指的是能力相当的主体，无论其出身、性别、种族、身份等有何区别都应该有权利参与资源的分配。

合理分配社会资源，实现社会公平，有助于维护社会稳定。如果社会资源的分配长期处于不公平中，就会影响社会发展的稳定性。资源贫瘠并不是最可怕的事情，最可怕的是百姓的劳动成果分配不均。"不患寡而患不均"便是这个道理。公平、合理地分配资源有助于安定民心、促进社会和谐，从而进一步促进国家安定、社会稳定。

注重资源分配的公平问题，有利于激发社会活力。如果国家为公民提供平等的权利和机会，人们就可以通过自身的努力去实现自我发展，满足自身生活的需求，实现自我价值。而自我价值实现的需求被满足后又会充分调动他们工作的积极性，从而形成良性循环，促进社会的有效运转。人人都能各尽其职，发挥所长，可以有效地推动社会的发展，激发社会活力。

反之，如果我们忽视了社会资源分配的公平问题就可能形成马太效应，致使强者愈强，弱者愈弱，进一步拉大强者与弱者之间的差距，不利于社会和谐稳定的发展。马太效应告诉我们，先一步拥有更多资源的人，往往会有更多的发展机会，并可以利用已有资源获得更多利益。长此以往，即使经济得到一定程度上的发展，也不利于社会的和谐稳定。

综上所述，公平分配资源可以更好地促进社会和谐稳定的发展。

第 3 题

真题解析

材料审题类型：社会现象型。

参考立意：创新意识和实践能力相辅相成。

简析：材料拿《周易》所述发展的道理、乔布斯的发展特征、人类未来的发展需要，共同带出"创新"这一话题，根据三个例子提到的共性部分来审题即可。

参考范文

创新意识与实践能力相辅相成

无论是《周易》中的"穷则变，变则通，通则久"，还是乔布斯对苹果的创造，都在告诉我们人类社会的发展需要创新。此外，未来社会的发展同样也需要具备实践能力的人才。由此启发我们，在日新月异的今天，创新意识和实践能力两者相辅相成，缺一不可。

创新意识是指人们在社会和个体生活中所表现出意向、愿望和设想。而实践能力是指人们在探索和改造现实世界中所表现出来的能力和素质。

创新意识对于实践能力具有指导性作用。富有创新意识，有助于形成差异化竞争优势。若企业员工具备创新意识，可以对企业的创新实践活动提供方向性的指导，有助于企业发现新需求、研发新产品，形成差异化优势，进而提升企业的核心竞争力。

实践能力是创新意识得以实现的根本保证。没有好的实践能力，再好的创新想法也只能是空中楼阁。实践能力是创新理念、方案计划得以落地的基础。它可以让一个个想法从纸面上落到现实中。反之，如果没有强大的实践能力来让创新的想法与计划落地，这样的创新也会失去意义。可见，实践能力的强弱，直接决定创新目标能否实现，实践能力是创新意识落地的根本保证。

如果只富有创新意识而不具备实践能力，这样的创新意识也是徒有理念，这些宝贵的想法很可能会流失掉。同时不具备实践能力的创新意识也无法得到更好地验证，实践是检验创新的基本路径。当然，如果只具备实践能力而忽略创新意识，这样的实践反而会失去方向，缺乏一定的创造力。

因此，创新意识和实践能力两者相辅相成，缺一不可。创新意识为实践提供了方向与指导，有利于提升自身的核心竞争力。同时，实践能力又是创新意识得以实现的根本保证，没有实践的创新犹如空中楼阁，这样的创新也将失去自身的意义与价值。因此，创新意识与实践能力两者相辅相成，共同促进社会的进步、企业的发展。

综上所述，创新意识与实践能力两者相辅相成，缺一不可。

第 4 题

真题解析

材料审题类型：社会现象型。

参考立意：诚信/信任。

简析：材料第一段摆出了社会现象，展开了话题，第二段则是作者观点倾向的选择，表明了审题中心"诚信"及作者对该社会现象的态度。

参考范文

诚实守信势在必行

日前，上海市消保委调查的 12 款 App 的结果显示，很多 App 会员没有到期就被超前扣费，也有免费体验遭自动续费。这种行为既违反了消费者自主选择的相关规定，也有悖于诚实守信的市场原则。由此可见，诚实守信势在必行。

这类现象之所以时有发生，获取利益是其主要原因。无论是扣费时间节点设置在到期前 1 天，还是少量 App 的扣费时间节点较为模糊，甚至提前 3 天就扣费，这些都是为了背后利益。由于 App 扣费并不高，有些用户可能会忽略扣款信息。于是，就会有企业存在侥幸心理，刻意模糊扣款时间节点，做出违反相关规定，违背诚实守信原则的行为。

然而，这种违背诚信原则的行为并不能促进企业的长远发展。首先，依靠这种比较隐蔽的自动续费功能来增加收益，不利于 App 功能的进一步改进与优化。企业的经营者应该思考的是如何优化 App 的功能，增加用户黏性，让用户主动续费使用 App，而不是依靠这种小聪明来骗取用户的续费。其次，这种续费方式违背了诚实守信的原则，很可能会失去用户对企业的信任，影响企业的声誉与口碑。短期内看似有所收益，长远来看很容易失去原有用户及市场。

那么，我们该如何让企业做到诚实守信呢？首先就是加强思想道德教育。因为法律并不能面面俱到，不可能监控到每一款 App 的开发及其功能的使用，法律监管成本比较高昂。如果可以通过宣传教育让企业自觉地做到诚实守信，无疑会事半功倍。其次，对于一些教育没有起到作用的经营者，需要发挥法律的强制性作用。对这些为了利益而经常游走在法律边缘的失信者，一定要加强法律的监管与约束。

综上所述，App 的开发是互联网经济下的新兴产物，我们要在诚实守信原则的前提下，规范 App 的发展，促进 App 功能的进一步优化，这样才有助于其所属企业的长远发展。

第 5 题

真题解析

材料审题类型：社会现象型。

参考立意：拒绝内卷。

简析：以解释"内卷"引出话题及其观点倾向，内卷是一种非常规的社会现象，不利于个人和社会发展，我们要拒绝内卷。

参考范文

拒绝内卷

"内卷"原指一种文化形态和模式，随着社会的发展，内卷被赋予了新的含义。指同行间竞相付出更多努力以争夺有限资源，从而导致个体"收益努力比"下降的现象。这一现象会带来诸多弊端，因此，我们要拒绝内卷。

"内卷"是一种固化形态，或者说停滞不前的状态。最突出的表现在于"我不停地努力，为何却很难取得更优异的成绩？"社会不断进步，竞争就会变得异常激烈，以大学校园为例，以前稍一努力就可能成为某个领域的拔尖者，现在大家都在奋力向前，采取"奔跑的姿态"，冲刺一番下来才发现，自己不但没有进步反倒可能退步了，付出巨大努力没有获得一个理想的排名。

"内卷"的形成，源于更难获取成功的大环境，这种情况下，一个人很容易产生挫败感和失落感，他们会感觉自己进入了一个消耗精力的死循环中，在赛道上同其他选手拼命竞速，结果却只领先那么一丁点，没有什么突出的优势，成功也变得越来越难，付出的代价则不断攀升。但不少人没有意识到，通过参与比赛过程，自己的奔跑能力得到了提升，个人的身体也得到了锻炼。在齐头并进的赛场上，其实没有真正的失败者，每个人都获得了自己所需要的东西。

不少人陷入"内卷"，对此感到焦虑，与缺乏科学规划也有很大关系。在竞争如此激烈的社会环境中，每个人需要改变固有的思维定式，从盲目的同质化和一体化竞争中走出来，结合自身特点和实际走差异化、个性化的路子，弄明白"我想成为什么样的人""我能成为什么样的人"，才能真正把自己塑造成一个"不一样的我"。

大道至简，举重若轻，对"内卷"有更清醒的认识，能够理性地面对，做出科学的选择。这样，如何看待和应对"内卷"，就不会成为一道复杂沉重的人生难题。

第 6 题

真题解析

材料审题类型：择一型。

参考立意：重视能力/增强实力。

简析：材料通过对两种树进行对比，明显想要启示我们要像老榆树一样，注重内在能力的提升，以坚实的能力面对挫折和挑战。

参考范文

我们要重视内在能力

杨树表面看上去修长华丽，但是树干空虚得很，一旦遭遇强风，便会被摧毁。而老榆树浑身疙瘩，但是内心是坚实的，任凭风吹雨打，独自屹立不倒。这启示我们，只有重视内在能力，才能在挫折来临时，从容冷静，战胜挫折。

提升内在能力可以避免被社会淘汰，获得更好的发展。随着教育体系的越发完善，越来越多的人接受了高等教育，人才竞争也越发激烈。在这种情况下，只有不断提升自己的内在能力，才能在与他人的竞争中得到满意的结果。如果我们不去打磨，增强自身的内在能力，面对困难一味退缩和妥协，最后只能得到被淘汰的结果。物竞天择、适者生存的自然法则不会因为时代的进步而改变，能够重视内在能力，不断提升自己，才能脱颖而出，成为胜利者。

提升内在能力，有助于事半功倍。相比于外在表现，个人的内在能力并不是显而易见的，在现实生活中常常容易被忽视掉。提升内在能力，我们要主动去挖掘，并且合理利用它。比如：当我们在处理问题时，内在能力就体现在情绪的掌控、全局的把控、自我调节等方面。强大的内在能力是外在力量的辅助和补充，帮助我们在做事情时，能够以最短时间高效完成。

如何去提高内在能力呢？内在能力是与生俱来的，只是对于每个人来说，在面对困难时，内在能力的强弱不一样。提升内在能力，我们必须对自己的内在能力有全面的了解，这种能力不仅包括抗压能力、沟通能力、变通能力等，还体现在自律、自信、勇敢等。清楚了解自己，才能明确提升内在能力的方法，在遇到困难时，激发出最大的内在能力。

我们所说的需要内在能力，是一种不仅需要不断提升，还需要付诸于实际的能力。既是一种积极的自我暗示，也是一种当我们遇到挫折的时候，能够付诸于实践的行动。

因此，我们要重视提升内在能力，并且运用内在能力去帮助解决和处理生活中遇到的各种问题，从而让自己的生活和工作更加舒服，让自己更加优秀。

第 7 题

真题解析

材料审题类型:共存型。

参考立意:淡然/顺其自然。

简析:以名言引出材料观点且材料观点已经给出、态度倾向明确:现实生活中,既要有淡然处事的心态,又要有顺应时势的格局。

参考范文

淡然处事 顺势而为

"和光同尘,与时舒卷",表明了古人为人做事秉持的淡然与变通的一种态度。时代的发展赋予了"和光同尘,与时舒卷"更多的精神内涵,在面对日新月异的社会,我们既要有淡然处事的心态,又要有顺应时势的格局。

淡然处事是一种心境。正如罗曼·罗兰所说,有一种英雄主义,就是在认清生活的真相后依然热爱生活。当面对生活的种种不如意,却能够以淡然处世的态度热爱生活的人,才是生活的胜者。庄子面对楚王委派来请他出山的大夫,依旧稳拿钓鱼竿,以楚国神龟做比喻,表达愿在泥水中曳尾而行的淡然意愿。庄子并非不为君王分忧,为黎民百姓谋福利,而是想在生活中,留给自己一丝安宁与自由。正视生活中的自己,不卑不亢,以淡然的心态,看待周遭的一切,做自己人生的掌舵人。

顺势而为是一种变通。生活如行军打仗,如果安于现状,军队始终保持一种状态,即使再精锐的部队,也会因为固定化的战术被敌人歼灭。相反,如果时刻调整战术,给对手出其不意的感觉,往往能提高获胜的概率。如今是"互联网+"时代,企业应学会乘互联网的东风,拓宽自己业务。企业利用互联网,改变产品销售渠道,扩大产品知名度,有助于树立品牌形象,提升产品销量,占据有利的市场份额,在激烈的同行业竞争中分得一杯羹。穷则变,变则通,通则久,进行顺应时势的变化,才会有事半功倍的效果。

无论是淡然处事,还是顺势而为,我们都要以辩证角度去看待。一方面,淡然处世不是安于现状,坐以待毙,而是懂得生活需要努力和坚持,我们要保持前行,不能够停留在原地,做真实的自己,做自己喜欢的事,成为自己想成为的人。另一方面,顺势而为中要有居安思危的思想。顺势而为的关键就在于善变,能够及时地进行变化,在安全的环境当中,拒绝懈怠,积极思考,保持持久的活力。

因此,作为独立发展的个体,无论在生活中还是工作中,我们既要做到淡然处事,又要做到顺势而为。

第 8 题

真题解析

材料审题类型：择一型。

参考立意：注重成长。

简析：材料对比了固定型思维和成长型思维的人所具备的不同特点，依据社会主流价值观，选择成长型思维模式更有助于个人发展进而实现人生价值。

参考范文

我们要选择成长型思维模式

正如材料中提到，拥有固定型思维的人拒绝改变，将自己定义为失败者。相反，拥有成长型思维模式的人，相信自己的能力，热爱挑战，相信努力。成长型思维模式更有助于个人发展，实现人生价值，因此，我们要选择成长型思维模式。

成长型思维模式体现了一种乐观心态。乐观主义者总是相信自己有足够的行为能力来承受和减弱原有负向价值对自己的不良影响，并使原有正向价值发挥更大的积极效应。美国的大发明家爱迪生，面对生活上的困苦，身体上的缺陷，并没有灰心，而是更加勤奋地学习，终于成了举世闻名的科学家。乐观者更能积极面对困难，并通常拿出自己最好的状态或最积极的一面来迎战困难。

成长型思维模式体现了一种自信姿态。自信的人在困难、挫折、失败面前能冷静、沉着地应对，保持乐观的心态，积极地采取措施，努力地扭转困难局面，从而转败为胜。不自信可能会让一个人开始拖延、不想做事情、整日沉迷于虚拟世界之中，想要逃避。面对日益变化的世界，需要我们有足够的自信来面对它的复杂，自信于自己的原则和立场，自信于自己的观点和评价。

固定型思维会让我们陷入思维怪圈。固定型思维容易使我们产生思想上的惰性，养成一种呆板、机械、千篇一律的解题习惯。当新旧问题形似质异时，思维的定势往往会使解题者步入误区。当一个问题的条件发生质的变化时，思维定式会使解题者墨守成规，难以涌出新思维，做出新决策，造成知识和经验的负迁移。

如何培养成长型思维模式呢？一方面，要肯定自己，不卑不亢，将自信的判别权交给自己，自信来自于自我评价，每个人都有自己的评价标准。不要拿别人的标准评价自己。另一方面，要脚踏实地，先从一件件小事做起。脚踏实地地去做事，从小事开始，树立乐观和自信的心态。

因此，我们要选择成长型思维模式。

第9题

真题解析

材料审题类型：择一型。

立意选择：底线不可突破/财亦取之有道。

简析：以负面社会热点素材引题，观点比较清晰，即切勿违法违规，一定要坚守规则。

参考范文

坚守底线，合理谋财

近年来，偷税漏税现象层出不穷，甚至出现了诸如范冰冰、薇娅等公众人物的上亿罚单。虽然偷税企业也给红十字会捐过款，薇娅甚至获得过"全国扶贫攻坚奖"等荣誉，但原则问题不容有失。相较而言，企业应当坚守底线，通过正当手段获得财富。

坚守底线，合理获财，能够帮助企业树立积极正面的形象，有助于塑造良好的口碑。企业坚守底线，诚信经营，有助于企业在社会上营造可靠、值得信赖的形象，更能提高消费者的关注度，营造良好的产品和企业口碑，进而更有利于自身把握市场，保证企业的长远利益。在当今的消费环境下，消费者的信息获取更为多元化，对产品和企业的相关信息的了解更为全面化，企业的诚信经营，能够使消费者群体产生对产品的信赖感和安全感，从而提高购买欲望，并将此种信赖口口相传，帮助企业提高消费者的黏性，进一步深挖消费者群体。

坚守底线，合理谋财，能够让企业不断审视自身，有助于形成自我反思、遵纪守法、诚信为本、专业规范的企业文化。坚守底线合理谋财，是企业内部自上而下都要遵守的经营原则。管理者与员工能直接在该原则思想的引导下形成不断反思、审视自身的习惯，每日三省吾身，有利于企业内形成积极反思、稳固前进的思想氛围，进而形成诚信为本、专业规范的企业文化，助力企业实现自身愿景。

若不守住底线，谋取不义之财，就会受到法律的制裁和社会道德的谴责。即便将这些不义之财投入社会正能量的事业中去，也不能掩盖自身突破底线的行为，也必将受到法律的严惩以及社会舆论的谴责和抨击。正如"全国脱贫攻坚奖"获得者薇娅，自身偷税漏税的金额高达6.43亿，即便是再大的奖项也不能成为她的"免死金牌"。

当然，坚守底线，合理谋财和行正能量之事并非自相矛盾的关系，在坚守底线合理致富的同时，企业也可以选择牺牲自己的少部分利益，回馈社会，此举也有利于企业自身在社会上起到模范带头作用，为更多的企业带来引导和示范，进而有利于在社会上形成一个正反馈循环。

综上所述，企业更应遵守底线，合法经营。

第 10 题

真题解析

材料审题类型：社会现象型。

立意选择：不应虚假宣传。

简析：第一句话阐述了近期出现的社会现象，第二句话明晰了作者观点"不应将不实的信息传递给消费者"。

参考范文

广告无错，但应真实

近期，在小红书等软件上出现了诸多带有"绝美""小众"等抓人眼球的字眼的文案，这些文案配上引人入胜的图片，吸引了诸多消费者到宣传地点参观或购买宣传物品，但消费者打卡后发现宣传与实物不符，大呼上当。可见，为了企业长远的发展，产品宣传推广应符合真实情况，不能虚假宣传。

宣传推广真实情况，有助于产品打造良好的口碑，提高企业整体的宣传效果。将自身的产品以真实但艺术化的形式加以宣传展现，可以帮助消费者充分了解产品优势，提高消费者的关注度。同时，由于推广的是真实情况，与部分虚假宣传形成强烈对比，产品能够在消费者中获得优秀的舆论评价，促使消费者之间对于产品的口口相传的情况产生，进而有助于塑造产品良好口碑，最终有助于提高企业整体的宣传效果。在当今的宣传中，胖东来超市、鸿星尔克等诸多优秀的本土企业，通过展现真实的宣传手法，在社会上塑造了积极的企业形象。

宣传推广真实情况，有助于企业自身以及整个行业积极健康地发展。企业自身诚信经营、真实宣传，能够帮助企业拓宽客户层面，提高客户黏性，为自身带来可观的利益空间，并给行业内的其他企业起到榜样和带头作用，使行业整体的风气逐渐向宣传的有效性和真实性上偏移，进而有效地避免虚假宣传风气的产生与进一步扩散，从而带动行业整体积极健康、真实向上的风气。

如果企业仍然我行我素，选择虚假宣传，会吞下自身行为产生的恶果。如果继续虚假宣传，会丧失现有消费者群体的信任，同时会极大地降低潜在客户的关注度。同时，虚假宣传也会受到社会的整体抵制与法律法规的制裁，影响企业的整体风评。

当然，宣传推广真实情况并不是要将产品的优缺点全盘托出，而是要结合市场的需求情况与消费者的痛点，以自身的产品优势作为导向，吸引消费者的关注与购买，进而提高企业的市场竞争力。

综上所述，企业的宣传推广更应符合真实情况，不能虚假宣传。

第 11 题

真题解析

材料审题类型：择一型。

立意选择：应当优先盈利/应当优先打造品牌。

简析：材料是二择一型的题，此类没有明显褒贬意味的二择一型题目，可以参考社会主流价值观。

参考范文

优先盈利，稳步前进

企业在发展的瓶颈期容易遇到一个问题：是优先打造品牌突破现有桎梏还是优先盈利保证企业的资金循环。相对来说，企业选择优先盈利，是能保证自身不断前进、稳步发展的不二之选。

企业选择优先盈利，有利于企业进行市场沉淀，打牢现有的市场基础。优先盈利，能够保证企业更为全面清晰地对自身产品的优劣势进行分析，有助于企业把握产品在市场中的明确定位与客户导向，帮助企业在现有市场中进行积累和沉淀，打牢现有的市场基础，进一步扩大现有的市场优势，从而帮助企业更好地稳步前行，持续进步，最终实现企业的长远目标。在当今的市场环境下，优先盈利也是保证企业健康发展的有力支持，能够为企业在资金、人力资源等方面提供财务上的保障，帮助企业稳步前进。

企业选择优先盈利，有助于企业维持内部结构，保障企业内形成稳健、高效之风气。企业优先盈利，是直观地从资金链和整体运营的角度保障企业内部层级的稳定，并为企业内部结构的不断优化提供物质保障。同时，企业更多着眼于盈利，也有助于在企业内部形成沉稳踏实、着眼当下的工作氛围，有助于企业追求高质量、高效率的风气，进一步在企业整体环境上给员工积极向前的心态。

如果企业选择优先打造品牌而不注重盈利的话，可能会出现空有宣传而无实际意义的结果。优先打造品牌而不注重盈利，会导致企业的运营重心出现较大的偏移，容易在企业内形成浮躁的风气，使企业对市场现况做出误判，形成对自家产品的盲目自信，进而遭遇"滑铁卢"。

当然，优先盈利不代表完全沉寂而不打造品牌效应，应当是在优先盈利的基础上、在有富余资金的支撑下去打造市场品牌，提高产品与企业的知名度，并且应当充分了解消费者的痛点，从痛点入手进行宣传打造，进而帮助企业高效盈利。

综上所述，企业更应该优先盈利，保障企业的稳步发展。

第 12 题

真题解析

材料审题类型：名人名言型。

立意选择：抓住决策重点。

简析：当名人名言型材料作为完整材料出现时，一般就是自然支持该名人的观点。直接从其中引入即可。

参考范文

把握重点决策，无须事事过问

现代管理学之父彼得·德鲁克曾对于决策发表过一定的个人见解，其中明确地提到："有效的管理者并不做太多的决策，而做出的决策都是重大决策。"由此可见，企业的管理者应当更多把握重点决策，无须事事过问。

把握重点决策，有助于提高企业整体的运转效率，进而能够快速把握行业发展趋势。企业的管理者优先把握重点决策，能够明确重心，为企业整体运转提供前进方向，进而提高企业整体的运转效率。并且，企业的管理者作为企业的决策者，把握着企业发展的方向，把握重点决策有助于管理者更专注于多变的市场，快速把握行业风向标，帮助企业紧跟行业发展潮流，顺应市场大势，进一步占据主导地位。

同时，管理者把握重点决策，有助于企业内部塑造"集中力量干大事"的企业文化。企业高层把握重点决策，能够带领企业员工集中力量把握工作关键，可以在企业内形成团结一致、齐心协力的工作氛围，同时也有助于培养员工的大局观和责任感，提高员工对行业的敏感度，进一步自上而下形成"集中力量干大事"的企业文化，进而实现企业愿景。

如果管理者事事过问、处处担心，会严重拖慢企业的发展脚步。如果管理者对企业的各项事务都要过问，会增加管理者的工作负担，拖慢项目的运转效率。此外，管理者事事过问也会降低员工的热情和创造力，不利于企业的人才储备和对未来精英的培养。

当然，把握重点决策不代表不关注企业的具体项目，管理者更多担任的角色是企业的领航者和指挥者，需要对企业的整体运行情况有所把握。同时，也需要清晰地了解企业的各个运行环节。这样，有助于管理者做出更为准确的决策。

综上所述，企业的管理者应把握重点决策，对企业有充分的了解，但无须事事过问。

第 13 题

真题解析

材料审题类型：寓言故事型。

立意选择：认清自我/认清自己的位置。

简析：文中的线索相对来说比较明显，野猫的话给立意指出了清晰的方向，老鼠的悲剧在于没有认清自己，人们跪拜的是佛像而非老鼠。

参考范文

认清自我

　　安家佛塔的老鼠，看到人们朝着自己跪拜，自以为人们跪拜的是自己，殊不知就像野猫讥讽的一样：人们跪拜，是向着老鼠所占的位置，不是向着老鼠本身。老鼠的悲剧告诉我们：人要认清自我。

　　认清自我，方能找准位置。老子曾说：自知者明。意思是说：能够了解自己的人是明智的、聪明的。只有先了解自己，知道自身的优劣势，认清自我的能力，才能明白自己目前的处境，从而找准自身的位置。

　　相反，若是像材料中的老鼠一样，认不清自己的位置，搞不清楚自己几斤几两而盲目自大，那么结局的悲剧是注定的。即使没有野猫的出现，使其悲剧早早发生；最终也可能会因为其目中无人，甚至堂而皇之出现在人们面前，被人类逮捕。假如其能够认清自我，知道一切的美好生活是源于佛像而非自己，那么可能将是不同的结局。

　　生活中的有些人也像老鼠一样不能认清自己，可能是因为：一方面，被眼前的成就蒙蔽了双眼，稍微获得一点成绩，就开始沾沾自喜，目中无人；另一方面，也可能是因为周边人的吹捧、讨好加剧了其自大的心理。

　　要想认清自我，一方面需要不断修身，时刻反省自己。获得成就时不要好大喜功；陷入低谷时，当然也不要妄自菲薄，而是总结经验，吸取教训，重新上路。另一方面学会辨别周围的声音，眼见未必为实，听到的可能只是假象。再者，学会透过现象看本质，不要被表面的行为误导。

　　当然，做到认清自我并不容易。但不妨碍我们往这方面做出努力，人生本来就是在解决不同难题的过程中不断成长。希望生活中的我们，都能认清自我，找准位置，成就自我。

第 14 题

真题解析

材料审题类型：寓言故事型。

立意选择：学习变通。

简析：通过材料中蜜蜂和苍蝇的实验对比，可以很清晰地看出我们要向苍蝇学习，而非像蜜蜂一样奄奄一息。

参考范文

学会变通

实验中，蜜蜂向着光亮不断碰壁，最后奄奄一息；而苍蝇经过多方尝试，最终飞出了瓶子，成功脱身。导致结果不同的原因是苍蝇的变通，这个故事也提醒我们：学会变通，赢得精彩。

人生需要变通。《周易》曰："穷则变，变则通，通则久。"鲁迅先生梦想救国救民，自幼学医，立志长大以后拯救国民。但日本留学的经历让他明白，医学是不能挽救国民麻木的心灵的。于是，他选择了变通，弃医从文。这一变通使一位文学巨匠屹立东方永不倒。陶渊明，少有大志，但黑暗的世界让他不满，他所向往的世界与这个黑暗现实截然不同，于是，他选择了变通，去追求"采菊东篱下，悠然见南山"的生活，这一变通，造就了田园诗人的神话！

不懂变通，而盲目执着，就像实验中的蜜蜂一样，看起来精神可嘉，但是朝着错误的方向，坚持不懈地努力，使一切都是徒劳的，甚至可能导致其命丧黄泉。古有郑人买履的故事：郑国人只相信量脚得到的尺码，而不相信自己的脚，不仅闹出了大笑话，而且连鞋子也没买到，成了笑柄。今有西安高新医院，只顾死守疫情管控政策，而不顾孕妇本身的特殊情况，致使 8 个月婴儿胎死腹中。

变通，一方面需要极大的勇气，因为这个过程可能会受到冷眼旁观，嘲笑非议。外界的声音很难做到视而不见。另一方面还需要坚韧的毅力，变通的过程总是坎坷的，不可避免地需要多次碰壁，所以如果没有坚韧的毅力，最终可能只是遇事无从深入，就像四处挖井的人一样，永远挖不到水喝。

执着本身没有错，错的是朝着错误的方向不断努力。当然我们强调变通并不是遇到困难就退缩，遇到难题就放弃；而是面对困难时，多方尝试寻找解决问题的途径。在变通中寻找新的出路，最终赢得精彩人生。

第 15 题

真题解析

材料审题类型：社会热现象型。

立意选择：打击偷窥。

简析：材料内容源于"3.15"晚会，生活隐私在不经意间可能正在被偷窥，所以对于偷窥还是要严厉打击的。

参考范文

打击偷窥，保护隐私

不法分子通过将摄像头隐藏到日常生活物品中，肆意窃取他人隐私，甚至在网络空间分享、传播偷拍内容。对于这样的行为，我们要坚决打击。打击偷窥，从而保护隐私。

非法利用摄像头的偷窥行为，容易滋生多种违法犯罪活动。不久前，某地警方破获一起非法控制摄像头案，发现一个针孔摄像头竟可连接上百人同时在线观看。把普通人的日常生活变成一群陌生人围观的"真人秀"，这种行为不仅严重侵犯公民个人隐私，更可能衍生敲诈勒索、电信诈骗等一系列危害社会安全稳定的违法犯罪活动。

凝聚合力、齐抓共管，遏制摄像头偷窥等黑产生存空间。从督促各类互联网平台下架违规售卖摄像设备产品、全面清理相关违法有害信息，到全面排查重点视频监控平台、集中整治摄像头网络安全，再到依法打击提供摄像头破解软件工具、制售窃听窃照器材等违法犯罪活动，整治非法利用摄像头衍生的相关黑色产业链，涉及网信、工信、公安、市场监管、司法等多个部门分工协作，需要联合加强监管和执法。对不落实主体责任的互联网平台和企业依法依规严厉处罚，对侵害用户权益的行为"零容忍"，才能让非法牟利者无处藏身、让偷窥行为付出代价。

互联互通的信息时代，小小摄像头潜藏着不小风险，关涉个人切身利益。一方面，强化自我保护意识，到正规平台购买摄像头，及时修改原始密码，注意摄像头的安装位置，不给不法分子可乘之机。另一方面，如果发现相关可疑行为，要及时向公安机关报案。

科技带来便捷的同时，也带来一定的风险概率。每个人都应提高警惕，绷紧个人隐私保护这根弦，注重防范生活中可能存在的偷窥行为，共同守护我们的个人信息安全。

第 16 题

真题解析

材料审题类型：社会现象型材料。

参考立意：坚守原则，拒绝乙化。

简析：通过解释一个热点词汇带出社会现象并评论，其态度比较清晰，我们顺势发挥即可。

参考范文

处事有原则，人生不"乙化"

前有"搬砖""打工人""社畜"，现有"乙化"，这些词汇折射出当代年轻人逐渐失去了棱角，失去了对自我的掌控和处事的原则。但是，年轻人不应"乙化"，应当依原则处事，在工作与生活之间找好平衡点。

对很多年轻人而言，步入职场不久，难免需要完成领导分配的任务，需要满足"甲方"的需求。某种意义上说，"乙"是初入职场获得成长的必修课。另一方面，职场中很多人并不具有"议价权"，有时候与其讨价还价、最终还得按要求办，还不如服从安排、尽快完成任务。所以，"乙"也是一种不得已的趋利避害。只不过，举止的和善不等于人格的卑微。

值得注意的是，"乙里乙气"的语境早已超出了订立契约的双方。不仅是工作，不少年轻人在生活里也越发客气甚至卑微。追根溯源，无休止地加班、下班后仍在处理工作信息……工作与生活的界限被打乱，工作中的气质就有可能侵入生活。当"乙"的场景不断扩大，"甲"的对象日渐模糊，"越来越乙"就成了一种自我挤压的无奈，失去处事原则就成了人生的常态。

但是，这世上没有绝对的甲方，也没有绝对的乙方。在工作中，无论甲方乙方，都要按照契约精神，各自做好分内之事，保持专业性，不要越俎代庖、指手画脚，这是良好合作的基础要求。更高层次的要求则是换位思考、互相理解，毕竟角色并非固定，不管此时此刻是甲方或乙方，不妨尝试理解你的"对方"，因为放到更长远的视角来看，任何人都有可能变为乙方。

生活远远不止于工作，哪怕工作的延长线无限延伸，但从内心来看仍要保持工作和生活的界限感。工作可以做乙方，但自己的人生一定要当好甲方，不是为了颐指气使，而是掌握人生主动权，主宰自己的选择并为其负责，勇于接受各种各样新鲜的挑战。

第 17 题

真题解析

材料审题类型：社会故事型。

参考立意：坚守底线/坚守标准。

简析：该材料是完整的故事，但没有给出关键词，需要我们对故事内容进行总结和提炼，择取关键词并行文。

参考范文

坚守底线意识

张瑞敏发现公司冰箱在售卖时存在以次充好的现象，为了树立严格的底线以防员工放松行业要求当众砸掉所有有缺陷的冰箱，才换来员工对冰箱质量的重视和最后的质量奖。这启示我们要坚守底线。

坚守底线意识有利于规避不必要的风险和麻烦。安全生产关乎企业存亡，没有安全就谈不上发展，"人无远虑，必有近忧"，坚持底线思维，是做好任何工作的一个重要战略策略，更是企业发展不可缺少的条件。凡事从最坏处准备，努力争取最好的结果，才能有备无患、遇事不慌，牢牢把握主动权，才能在打好企业根基的同时顾好企业的全局。如果不是张瑞敏严格把关，有缺陷的冰箱很可能给消费者造成不可估量的使用灾难，自然也会给企业带来相应的后果。

坚守底线意识有利于维护行业应有标准，避免不正当竞争。在社会中，如果有少数人因为投机取巧攫取利益，那么剩下的多数人也可能会为了获利不再坚守原则，人人为了争夺利益极大降低投入生产成本铤而走险，社会效益和经济效率都会大打折扣。为避免此种典型的"劣币驱逐良币"现象，我们应坚守底线意识。

忽视底线和应有标准会导致企业失去信誉，进而损害其长远发展。坚守工作底线，才会做到一身正气，它代表着社会的正面价值取向，是判断行为正确与否的基本准则。不管为人处世还是公司发展，先立德方能成器。一旦忽视底线，不仅贻害他人，也终将自食其果。

当然，坚守底线不代表教条，它与灵活变通并不矛盾。在企业的发展过程中，创新以及与人交流是必然的，也是不断变化的。当各环节要素之间、要素与规则之间存在矛盾冲突时，我们应在坚守底线的基础上积极探索、灵活变通。

综上，我们要像张瑞敏一样坚守底线意识，在发现问题之后痛定思痛，进而扎实提升自己的核心竞争力，使最终目标得以实现。

第 18 题

真题解析

材料审题类型：哲理型。

参考立意：直面困境/直面挑战。

简析：以经典文本中的句子带出一个哲理，哲理类的题目有时需要一定的古文基础，但是本段材料给出了解释，我们只要进行提炼即可。

参考范文

直面困境

君子在面临困难的环境时不会忧虑，反而在安乐宴饮时知道戒慎警惕。因为他们知道"生于忧患、死于安乐"的道理，无论个人还是企业，我们都应当直面困境。

直面困境有利于激发创造活力。在面对各类困境时，有的人沮丧了、灰心了、消沉了，从此一蹶不振，最终满怀遗憾在庸庸碌碌中度过一生。有的人却在挫折与困难中，百折不挠，屡伏屡起，最终取得人生的成就。敢于直面困境的人总会保持自己的韧性，首先不被自己打倒，然后主动地调动所有能调动的资源，激发自己的活力和能力从而解决问题。

直面困境有利于抓住历史机遇。人们一般把有利于自己的条件和环境称作机遇，但其实困境中更容易发现机遇，勇气和决心是我们在困境中找到机遇的必要条件。当我们拥有直面困境的决心和接受困境的勇敢时，才能发现困境中的机遇，如果一味地逃避，就不可能发现"山重水复疑无路，柳暗花明又一村"的新机遇。

沉湎于安乐自然无法实现自我突破。如果对安逸一味地沉溺，便缺少了自我挑战、自我突破的想法，甚至以为安于现状即是福，如此下去再过十年也是停留原地、无法前进。只有真正地面对困难，向自我发出挑战，才能超越自己。

当然，直面困境不代表无视自身现有实力盲目行动。直面困境需要极大的勇气，但在狂热的气氛中保持理性思考并理智地行动也是必不可少的。身处困境中，若空有志愿而不作为甚至盲目作为，终将是一场空，因此这需要我们顺应时机、顺势而为，认清自身的实力理智行动。

综上，困境之内机遇与挑战并存，只要我们敢于直面困境、抓住机遇、迎接挑战，就能够不断搏击于风口浪尖、成长于高峰险滩，实现最终的目标。

第 19 题

真题解析

材料审题类型：社会现象型材料。

参考立意：遵守规则。

简析：材料是关于社会热点的题目，由"但是"的引导可见其后才是材料的重点和态度倾向，出现了关键词"规则"。

参考范文

让规则守护自由发展

当今世界处于飞速发展阶段，互联网行业也借助这个环境急速扩张，因此获得巨额利润，但是新兴事物在发展过程中因为缺少规范也带来一些隐患，资本的肆意狂欢不利于行业的长久发展。这启示我们要遵守规则。

互联网经济飞速发展之下，总有资本以创新和竞争为借口对规则"明知故犯"，规则于自己有利就遵守，规则妨碍了自己就破坏；更有甚者，认为守规则是笨拙、迂腐、怯懦，绕过规则得了便宜，才显得聪明、灵活、有本事。凡此种种，不仅容易引发矛盾、扰乱秩序，还会"摊薄"社会信任，带偏社会风气。无规矩不成方圆，这句尽人皆知的俗语，今天依然发人深省。

守则不只是一种规范，也是中华文明古国自古以来的传统美德的体现，一直受到人们的信奉和推崇。诚信和守法是个人干事创业、企业良好经营、国家稳定运行的重要前提和基石。不讲诚信、不守法律，或许可凭一时侥幸获得短期利益，但不可能获得长期之利。

不遵守规则就要付出"代价"。以产业为例，新兴产业发展早期，社会资本开始大量投入，形成投资风口。当产业发展到一定程度，资本的负面作用就会慢慢显现——通过不断地并购，形成市场集中垄断，甚至出现寡头，并最终影响消费者利益和市场的公平竞争。

绝大多数人对法律令行禁止，是因为知道违反法律的严重后果。但法律只是规则的一种，对整个社会来说，无论是道德规范、行业规则，还是公司章程、校规校纪，恰恰是"软规则"的落实情况，展现着文明的水准与素质的高低。

如果企业的行为不加约束，尤其在互联网行业，可能会影响国家的信息安全、数据安全，所以行业层面上也需要有"红绿灯"，不能够让其无序、野蛮生长，我们也要让资本去支持实体经济增长，而不是在虚拟市场投资、炒作，推高泡沫，助长风险。

综上，企业家要做诚信守法的表率，首先要知法守法，增强诚信守法意识，要及时学习相关法律法规，不断增强企业法律意识，学会用法律约束自己、规范自己、武装自己。

第 20 题

真题解析

材料审题类型：哲理型。

参考立意：条条大路通罗马/灵活变通/多元化。

简析：材料本身已给出完整的解释并给出相应的道理，但我们需要对"路不是只有一条，也不是每一个人都适合走同样的一条路，拘泥于一种方式，可能你到不了目标"进行提炼。

参考范文

我们要灵活变通

鸡寒上树、鸭寒入水。路不是只有一条，也不是每一个人都适合走同样的一条路，许多人想要复制别人的"成功"轨迹来获得"成功"，即使这种复制会失去自我。这个故事启示我们要灵活变通，方法不止有一个。

灵活变通有利于激发创造活力。对待同样的问题，不能循规蹈矩，也不能亦步亦趋，每一个问题的答案都不止一个。变通需要与时俱进，只有肯用脑的人才能更快地发掘最适合自身达成目标的方法，时代需要发展、国家奖励发明，变通是创新的前提，只有懂得变通，才可能会创新。

变通有利于找到合适路径、提高目标达成的效率。在充满不定性的环境中，有时个人和企业需要在随机应变中谋求出路。在变化的世界里，灵活机动的行动比有序的衰亡要好得多。鲁迅清楚认识到职业医生不能医治好当时的中国，他选择变通借由文学作品影响人们的内心世界，继而改变中国的命运。他弃医从文，不仅在一定程度上影响了中国，也改变了自己的命运。所以学会变通有利于我们具体情况具体分析，找到更适合自己的发展途径。

变通不是放弃，学会变通，不仅需要我们针对自己所处的环境、结合自己的实际情况进行分析，还需要挑战我们的意志品质，这必然会提升我们自身的决策力、判断力，锻炼一颗坚定的心。遇到一条路顺着走不通就坦然逆着走，仍走不通就跳出来，甚至自己踩出一条路来。纵然有诸多考验，但要想实现梦想，手段的多样性是不可或缺的。国家实行社会主义市场经济、改革开放带来中国的昌盛。

综上，学会变通才能走上适合自己的道路，不断激发自身的创造活力、提升应对困境的能力和水平，进而实现高远的目标。

第 21 题

真题解析

材料审题类型:哲理型。

参考立意:平凡才是真/回归自然本色。

简析:材料本身是比较简单直接的,关键词"平凡"也非常易于得出,只是行文不太容易,建议从个人、社会等多角度发挥。

参考范文

回归自然本色

任何刻意锻造的成就只是看起来强大、坚实,任何造作的美味也只是入口时的片刻愉悦,这些实际上都远离了最自然和最真实的面貌,只有自然的才是真的,这启示我们要回归自然本色。

自然本色有利于营造安宁豁达的心理状态。庄子一生极力推崇至人、神人、圣人以及真人的理想人格的精神世界,其实质就是追求一种乐观、豁达、安宁、恬静的心理状态。诸多哲学家、政治家、音乐家,每一个辉煌的背后,都是无数思索、勤学、苦练的日子,辉煌终归于平凡,故而平凡是真。

回归本色有利于坚守人格的独立。物欲横流,要做一个有理想、有价值的人,就一定要保持独立自主的人格尊严,而只有追求"平易恬淡"的质朴生活,超越一切束缚和制约,遨游于无限广大的宇宙,才可能保守人之为人的本质和独立人格。要真正实现人格的完善、独立和自由,就必须挣脱人本身对物质的依附关系,过平易恬淡的生活,不因所谓人生的飞黄腾达而改变自己高洁的志向,也不因生活窘困而变得庸俗不堪。

回归本色有利于人与社会、人与自然和谐相处。人与天地万物之自然合为一体,人与我、人与物的分别,都已经不存在。因此,人应该返璞归真,回归自然的本真状态,才能保持人性的完美,才能与自然和谐相处。

无法回归自然就会带来欲望的无度。许多人为过于膨胀的欲望所迷惑,狂热地追逐名利,一生为"外物"所役所累,成了名与利的奴隶,就是远离了自然和本源。这些人犹如"以随侯之珠,弹千仞之雀"。得到的十分微小,损失的却是人之所以为人的本真。

综上,顺应自然天性、发展自己,又不随心所欲、妄自尊大、强作妄为,总会拥有努力向上的积极人生,而非令人窒息的绝望人生。

第 22 题

真题解析

材料审题类型：名人名言型。

参考立意：知识管理。

简析：材料中以名人名言为引对知识管理的话题进行思考，进而强调知识管理的优势，话题不是特别熟悉，但是以个人经验体会则较易行文。

参考范文

知识管理——企业的成功准则

知识管理意味着将知识作为企业的战略资源，其作为一种管理思想和方法体系，以人为中心，以数据、信息为基础，以知识的创造、积累、共享及应用为目标。知识管理可以为企业带来以下红利。

知识管理可以实现组织的可持续发展。将组织中的产品研发、销售网络、专利技术、业务流程、专业技能等知识，作为核心资产进行管理、开发和保护；建立相应的管理体系，通过组织文化、知识库、信息通信技术等形式固化到企业中去，从而实现组织的可持续发展。

知识管理还能够提高员工的综合素质及工作效率。通过组织知识的共享与重用，可以提高员工的知识水平和创新能力，提高工作效率、研发水平、操作技能及服务能力。通过建立保障知识共享、创新的制度和措施，有利于员工之间开展知识交流与共享，可以促进员工的个人发展；还有利于提高员工的创新积极性，从而实现组织内和谐共处。

知识管理有利于增强用户满意度，打造品牌独特的竞争优势。能够为客户、社会提供更优质的产品和更高效的服务，可以帮助提升组织的用户满意程度、社会公众满意度。同时，通过将组织的知识运用于业务运作的各个环节，提高业务管理水平、产品研发能力、生产经营水平、市场开拓能力、产品附加值，提升客户服务水平，建立竞争优势。

那么如何才能将其实践呢？在实践中，不同的组织机构应采取不同的知识管理模式，但通常都包含以下几个步骤：其一，应优先创建一个最易实践的信息库；其二，在公司客户服务人员和产品制造人员之间建立信息沟通网络；其三，建立正式的流程以保证在项目执行过程中，所获得的经验和教训都能够传授给各层级的员工。

综上所述，现阶段知识管理已成为重点机遇，是企业成功的重要准则之一。

第 23 题

真题解析

材料审题类型:择一型。

参考立意:守界/破界。

简析:材料是明确的"有人认为、也有人认为"的择一型题目,可选择主流倾向的一方行文。

参考范文

"破界"推动企业更上一层楼

有人认为:"融而通,破而后立,要敢于打破边界、多向融合,才能创造更大的价值。"对一个人而言,最难的是突破自己,企业也和人一样。面对日益激烈的市场竞争,如果满足衣食无忧而安于现状,其结局多半被无情的市场淘汰。因此,作为企业一定要敢于打破品牌边界,重建市场边界,品牌到一定阶段也需要破界。

人工智能、物联网、大数据,当这些前沿技术与产品交织在一起时,行业的发展早已打破传统意义上的边界。新一轮技术革命蓬勃发展,人工智能、大数据、云计算、物联网广泛应用,对企业未来发展产生深远的影响,提出巨大的挑战。对企业来说,延续优势难度加大,必须居安思危,突破自我,创新求变,以更大的产业竞争力在行业潮头站稳脚跟。

逆水行舟用力撑,一篙松劲退千寻。营销本无墙,因循守旧的人多了就形成了墙。"破界"就是创新,就是要颠覆自己原来的想法和做法;就是打破生活中已经约定俗成的、习以为常的界线;就是打破旧有的局限和陈旧的观念,进而创造新生事物的能力。对企业而言,"破界"就是创造新技术、新市场、新服务,以及新的运行机制。客观地说,没有一个企业不愿意破界,但意识到这个问题并不等于组织管理破界,构建高效平台解决了这个问题。

那么应该如何破界?一是行业破界,拓展空间;二是产品功能破界,贴近需求;三是渠道破界,促进营销;四是流程破界,提升效率。行业内的不同企业可以放长眼光,把从前的竞争对手变为合作对象,拓宽发展空间,与此同时,消费者需求在不断变化,产品功能应走在需求前端,才能增强消费者黏性,提高吸引力、回购率,在渠道和流程方面也要不断开拓思路,寻求新的变化方向。

企业只有进行全面的、深层次的破界,并将破界作为一项系统工程,才能实现做大、做强、做优、做久的宏伟目标。因此,"破界"才能推动企业更上一层楼。

第 24 题

真题解析

材料审题类型：择一型。

参考立意：更应重视人力资源。

简析：此类二择一型题没有"正确"的选择，二择一且言之有理即可。行文中可借助另一方观点加强已选观点的论证。

参考范文

企业经营中，人力资源更重要

随着知识经济时代的来临，人力资源已上升到第一资源的重要位置。人力资源之所以为第一资源，是因为人是万物之灵，只有人才具有主观能动性，可以创造财富。

以我们耳熟能详的三国演义来说，一穷二白的刘备开始就带着关羽、张飞，然后靠着自己的人格魅力不断吸引人才，特别是全面复合型人才诸葛亮的加入，最终割据一方，形成三国鼎立的局面。对一家公司而言，只有领导者能聚人，能集人，能用人，才能把事业做大做强。

知识型员工所具有的强创新能力，能帮助企业应对千变万化的市场环境，并赢得优势。人才是科技的载体，是科技的发明创造者，是先进科技的运用者和传播者。如果说科技是第一生产力，那么人才就是生产力诸要素中的特殊要素。人才不仅是再生性资源、可持续性资源，而且是资本性资源。在现代企业和经济发展中，人才是一种无法估量的资本，一种能给企业带来巨大效益的资本。将人才作为资源进行开发是经济发展的必然。企业必须创造一个适合吸引人才、培养人才的良好环境，建立凭德才上岗、凭业绩取酬、按需要培训的人力资源开发机制，吸引人才，留住人才，才能满足企业经济发展和竞争对人才的需要，从而实现企业经济快速发展。

诚然，我们在这里讨论，并不意味着物质资源就不重要，强调的是人力资源更重要。人，能够优化配置资源，创造更大财富。千军易得，一将难求，物质资源在现代社会中是比较容易获得的，虽然有人会说到处都是人，但真正符合一个企业发展需要的人才不容易得到。企业存在的目的实质上是需求管理，去发现需求并满足需求，发现需求需要靠市场营销人才和市场调研人才，满足需求需要靠研发人才，物质资源是立业的树干，而人力资源才是企业的根。

企业只有依靠人才智力因素的创新与变革，依靠科技进步，进行有计划的人才资源开发，把人的智慧能力作为一种巨大的资源进行挖掘和利用，才能实现科技进步和经济腾飞。

第 25 题

真题解析

材料审题类型：故事型。

参考立意：保全大局／取舍／从整体利益出发。

简析：由一个完整的故事给我们一些启示，难点在于总结、提炼，提炼有难度的同学可以多积累一些常见话题。

参考范文

顾全大局，维护企业共同利益

有一只老虎出来觅食，一不小心踏上了捕兽工具，老虎怎么也挣不脱。如果被猎人捉住就会身首异处，为了保命，老虎发起怒来，拼命地蹦跳腾跃，挣断了被钳住的足掌，终于逃跑了。这个寓言故事暗含这样一个道理，做事要顾全大局，企业发展当中亦是如此，当个人利益与集体利益冲突时，也应以大局为重。

顾全大局有利于员工个人实现价值。大局就是关系到事物生存和发展的整体，也就是全局。顾全大局就是做决策、谋发展，要从全局出发、从长远出发，不能只顾眼前、只顾局部，更不能只考虑自己的眼前利益。纵观当今企业，所有的企业都希望员工能将企业的利益放在第一位，希望他们在做事的时候能够顾全大局。因此，那些凡事都能从大局出发的人，才是企业和老板最需要的人，才会实现自我价值最大化。

顾全大局能为企业带来明晰的目标，如果将企业团队比喻成一支球队，大家的一致目标就是赢得比赛。然而，在比赛的各个阶段，球队还会有阶段性的目标。比如某阶段是防守反击，某阶段是全力进攻，某阶段是控制局面等。从团队管理的角度来说，主要任务就是分清主次，找到团队当前阶段的努力方向：哪些事情是与公司发展前景密切相关的关键事件，应该受到足够的重视；哪些事情看似重要，但在人手有限的情况下，可以缓缓再做。只有顾全局，分清主次，整个团队才会抓住最好的机会不断获得进步。

但是，顾全大局不意味着就不重视细节了，"大局"和"细节"两者是相辅相成，相互依存，互为补充的。什么是重点，要根据不同时间、不同情况而定，这会随着时间的变化而变化，成功的关键就是要在众多的事物关系中选择分辨出重点，然后抓住重点中的细节下大力气进行工作。

古人云："不谋万世者，不足以谋一时；不谋全局者，不足以谋一隅。"知大局，方能助企业更上一层楼。

附　录

附录一　写作常用标点符号使用方法

名　称	符　号	用法说明
逗号	，	1. 句子内部主语与谓语之间停顿时,使用逗号; 2. 句子内部动词与宾语之间停顿时,使用逗号; 3. 句子内部状语后边停顿时,使用逗号; 4. 复句内各个分句之间的停顿,除了个别使用分号之外,其他都用逗号
句号	。	1. 用于陈述句的结尾,是最常见的结尾符号; 2. 用于语气舒缓的祈使句结尾
问号	？	1. 用于疑问句的结尾; 2. 用于反问句的结尾; 3. 用于设问中的问句
叹号	！	1. 用于感叹句的结尾,表达强烈的语气; 2. 用于语气强烈的祈使句结尾; 3. 用于语气强烈的反问句结尾
顿号	、	1. 用于句子内部多个并列词语之间的停顿; 2. 用于多个引号之间的停顿
分号	；	1. 用于复句内各个分句之间的停顿,常见于多个素材的列举; 2. 用于分行列举的各项之间
冒号	：	1. 用于称呼语后边,表示提起下文; 2. 用于"说、想、是、证明、宣布、指出、透露、比如、例如、如下"等词语后边,提起下文; 3. 用于总结性话语的后边,引起下文的分说;用于总结性话语的前边,以总结前文; 4. 用于需要解释的词语后边,表示引出解释或说明; 5. 用于一些引用的名人名言的人物之后,表示某人说
引号	""	1. 用于行文中直接引用的部分; 2. 用于需要着重论述的对象,表示强调; 3. 用于具有特殊含义的词语,表示解释; 4. 引号里面还要用引号时,外面一层用双引号,里面一层用单引号''
括号	（）	1. 注释句子中某些词语的,在这些词语之后使用; 2. 注释整个句子的,在句子之后使用
破折号	——	1. 用于解释说明; 2. 用于话题转变; 3. 用于语音延长; 4. 用于分行列举; 5. 用于补充说明; 6. 用于引出下文
省略号	……	1. 用于引文的省略; 2. 用于列举的省略; 3. 用于语句中间,表示说话断断续续

名　称	符　号	用法说明
连接号	—	1. 标示相关项目(如时间、地域等)的起止； 2. 标示数值范围(由阿拉伯数字或汉字数字构成)的起止； 3. 表示不同范围(由大范围划分指向小范围划分)的指向性
间隔号	·	1. 表示外国人或某些少数民族人名内各部分的分界； 2. 用于书名与篇(章、卷)名之间的分隔； 3. 间隔号还可以用来间隔日期中的时间,例如月份与日期
书名号	《》; 〈〉	1. 标示书名、卷名、篇名、刊物名、报纸名、文件名等； 2. 标示电影、电视、音乐、诗歌、雕塑等各类用文字、声音、图像等表现的作品的名称； 3. 标示各类出版物名称； 4. 标示西文书刊名 {书名号分为双书名号(《》)和单书名号(〈〉),书名号里还有书名号时,外面一层用双书名号,里面一层用单书名号;若单书名号里还有书名号,则单书名号里用双书名号}

附录二　199 管理类联考写作历年真题

2010 年写作真题

论证有效性分析：分析下述论证中存在的缺陷和漏洞，选择若干要点，写一篇 600 字左右的文章，对该论证的有效性进行分析和评论。（论证有效性分析的一般要点是：概念特别是核心概念的界定和使用是否准确并前后一致，有无各种明显的逻辑谬误，论证的论据是否成立并支持结论，结论成立的条件是否充分，等等。）

美国学者弗里德曼的《世界是平的》一书认为，全球化对当代人类社会的思想、经济、政治和文化等领域产生了深刻影响。全球化抹去了各国的疆界，使世界从立体变成平面，也就是说，世界各国之间的社会发展差距正在日益缩小。

"世界是平的"这一观点，是基于近几十年信息传播技术迅猛发展的状况而提出的。互联网的普及、软件的创新使海量信息迅速扩散到世界各地。由于世界是平的，穷国可以和富国一样在同一平台上接受同样的最新信息。这样就大大促进了穷国的经济发展，从而改善了他们的国际地位。

事实也是如此，所谓"金砖四国"国际声望的上升，无不得益于他们的经济成就，无不得益于互联网技术的发展。特别是中国经济的起飞，中国在世界上的崛起，无疑也依靠了互联网技术的普及，同时也可作为"世界是平的"这一观点的有力佐证。

毋庸置疑，信息传播技术革命还远未结束，互联网技术将会有更大发展，人类社会将有更惊人的变化。可以预言，由于信息技术的迅猛发展，世界的经济格局与政治格局将会发生巨大的变化，世界最不发达的国家和最发达的国家之间再也不会让人有天壤之别的感觉，非洲大陆将会成为另一个北美。同样也可以预言，由于中国信息技术发展迅猛，中国和世界一样，也会从立体变为平面，中国东西部之间的经济鸿沟将被填平，中国西部的崛起指日可待。

论说文：根据下述材料，写一篇 700 字左右的论说文，题目自拟。

一个真正的学者，其崇高使命是追求真理。学者个人的名利乃至生命与之相比都微不足道，但因为其献身于真理，就会变得无限伟大。一些著名大学的校训中都含有追求真理的内容。然而，近年学术界的一些状况与追求真理这一使命相差甚远，部分学者的功利化倾向越来越严重，抄袭剽窃，学术造假，自我炒作，沽名钓誉现象时有所闻。

2011 年写作真题

论证有效性分析：分析下述论证中存在的缺陷和漏洞，选择若干要点，写一篇 600 字左右的文章，对该论证的有效性进行分析和评论。（论证有效性分析的一般要点是：概念特别是核心概念的界定和使用是否准确并前后一致，有无各种明显的逻辑谬误，论证的论据是否成立并支持结论，结论成立的条件是否充分，等等。）

如果你要从股市中赚钱，就必须低价买进股票，高价卖出股票，这是人人都明白的基本道理。但是问题的关键在于如何判断股价的高低。只有正确地判断股价的高低，上述的基本道理才有意义，否则就毫无实用价值。

股价的高低是一个相对的概念，只有通过比较才能显现。一般来说，要正确判断某一股票的价格高低，唯一的途径就是看它的历史表现。但是有人在判断当前某一股票的高低时，不注重股票的历史表现，而只注重股票今后的走势，这是一种危险的行为，因为股票的历史表现是一种客观事实，客观事实具有无可争辩的确定性；股票的今后走势只是一种主观预测，主观预测具有极大的不确定性。我们怎么可以只凭主观预测而不顾客观事实呢？

再说，股价的未来走势充满各种变数，它的涨和跌不是必然的，而是或然的。我们只能借助概率进行预测。假如宏观经济、市场态势和个股表现均好，它的上涨概率就大；假如宏观经济、市场态势和个股表现均不好，它的上涨概率就小；假如宏观经济、市场态势和个股表现不相一致，它的上涨概率就需要酌情而定。

由此可见，要从股市获取利益，第一是要掌握股价涨跌的概率；第二还是要掌握股价涨跌的概率；第三也还是要掌握股价涨跌的概率。掌握了股价涨跌的概率，你就能赚钱；否则，你就会赔钱。

论说文：根据下述材料，写一篇 700 字左右的论说文，题目自拟。

众所周知，人才是立国、富国、强国之本。如何使人才尽快地脱颖而出，是一个亟待解决的问题。人才的出现有多种途径，其中有"拔尖"，有"冒尖"。拔尖是指被提拔而成为尖子，冒尖是指通过奋斗、取得成就而得到社会公认。有人认为，当今某些领域的管理人才，拔尖的多而冒尖的少。

2012 年写作真题

论证有效性分析：分析下述论证中存在的缺陷和漏洞，选择若干要点，写一篇 600 字左右的文章，对该论证的有效性进行分析和评论。（论证有效性分析的一般要点是：概念特别是核心概念的界定和使用是否准确并前后一致，有无各种明显的逻辑谬误，论证的论据是否成立并支持结论，结论成立的条件是否充分，等等。）

地球的气候变化已经成为当代世界关注的热点。这一问题看似复杂，其实简单。只要我们运用科学原理——如爱因斯坦的相对论——去对待，也许就会找到解决这一问题的方法。

众所周知，爱因斯坦提出的相对论颠覆了人类关于宇宙和自然的常识性观念。不管是狭义相对论还是广义相对论，都揭示了宇宙间事物运动中普遍存在的相对性。既然宇宙间万物的运动都是相对的，那么我们观察问题时也应该采用相对的方法，如变换视角。

假如我们变换视角去看一些问题，也许会得出和一般常识完全不同的观点。例如，我们称之为灾害的那些自然现象，包括海啸、地震、台风、暴雨等等。其实也是大自然本身的一般现象而已，从大自然的视角来看，无所谓灾害不灾害。只是当它损害了人类利益，危及了人类生存的时候，从人类的视角来看，我们才称之为灾害。

再变换一下视角，从一个更广泛的范围来看，我们人类自己也是大自然的一部分。既然我们的祖先是类人猿，而类人猿正像大熊猫、华南虎、藏羚羊、扬子鳄乃至银杏、水杉、五针松等一样，是整个自然生态中的有机组成部分，那为什么我们自己就不是了呢？

由此可见，人类的问题就是大自然的问题，即使人类在某一时刻部分地改变了气候，也还是整个大自然系统中的一个自然问题，自然问题自然会解决，人类不必过于干涉。

论说文：根据以下材料，写一篇 700 字左右的论说文，自拟题目。

中国现代著名哲学家熊十力先生在《十力语要》（卷一）中说："吾国学人，总好追逐风气，一时之风尚，则群起而趋其途，如海上逐臭之夫，莫名所以。曾无一刹那，风气或变，而逐臭者复如故。此等逐臭之习，有两大病。一、各人无牢固与永久不改之业，遇事无从深入，徒养成浮动性。二、大家共趋于世所矜尚之一途，则其余千途万途，一切废弃，无人过问。此两大病，都是中国学人死症。"

2013 年写作真题

论证有效性分析：分析下述论证中存在的缺陷和漏洞，选择若干要点，写一篇 600 字左右的文章，对该论证的有效性进行分析和评论。（论证有效性分析的一般要点是：概念特别是核心概念的界定和使用是否准确并前后一致，有无各种明显的逻辑谬误，论证的论据是否成立并支持结论，结论成立的条件是否充分，等等。）

一个国家的文化在国际上的影响力是该国软实力的重要组成部分。由于软实力是评判一个国家国际地位的要素之一，所以如何增强软实力就成了各国政府高度关注的重大问题。

其实，这一问题不难解决。既然一个国家的文化在国际上的影响力是该国软实力的重要组成部分，那么，要增强软实力，只需搞好本国的文化建设并向世人展示就可以了。

文化有两个特性，一个是普同性，一个是特异性。所谓普同性，是指不同背景的文化具有相似的伦理道德和价值观念，如东方文化和西方文化都肯定善行，否定恶行；所谓特异性，是指不同背景的文化具有不同的思想意识和行为方式，如西方文化崇尚个人价值，东方文化固守集体意识。正因为文化具有普同性，所以一国文化就一定会被他国所接受；正因为文化具有特异性，所以一国文化就一定会被他国所关注。无论是接受还是关注，都体现了该国文化影响力的扩大，也即表明了该国软实力的增强。

文艺作品当然也具有文化的本质属性。一篇小说、一出歌剧、一部电影等等，虽然一般以故事情节、人物形象、语言特色等艺术要素取胜，但在这些作品中，也往往肯定了一种生活方式，宣扬了一种价值观念。这种生活方式和价值观念不管是普同的还是特异的，都会被他国所接受或关注，都能产生文化影响力。由此可见，只要创作更多的具有本国文化特色的文艺作品，那么文化影响力的扩大就是毫无疑义的，而国家的软实力也必将同步增强。

论说文：根据下述材料，写一篇 700 字左右的论说文，题目自拟。

20 世纪中叶，美国的波音和麦道两家公司几乎垄断了世界民用飞机的市场，欧洲的制造商深感忧虑。虽然欧洲各国之间的竞争也相当激烈，但还是采取了合作的途径，法国、德国、英国和西班牙等决定共同研制大型宽体飞机，于是"空中客车"便应运而生。面对新的市场竞争态势，波音公司和麦道公司于 1977 年一致决定组成新的波音公司，以此抗衡来自欧洲的挑战。

2014 年写作真题

论证有效性分析：分析下述论证中存在的缺陷和漏洞，选择若干要点，写一篇 600 字左右的文章，对该论证的有效性进行分析和评论。（论证有效性分析的一般要点是：概念特别是核心概念的界定和使用是否准确并前后一致，有无各种明显的逻辑谬误，论证的论据是否成立并支持结论，结论成立的条件是否充分，等等。）

现代企业管理制度的设计所要遵循的重要原则是权力的制衡与监督。只要有了制衡与监督，企业的成功就有了保证。

所谓制衡，指对企业的管理权进行分解，然后使被分解的权力相互制约以达到平衡，它可以使任何人不能滥用权力；至于监督，指对企业管理进行严密观察，使企业运营的各个环节处于可控范围之内。既然任何人都不能滥用权力，而且所有环节都在可控范围之内，那么企业的运营就不可能产生失误。

同时，以制衡与监督为原则所设计的企业管理制度还有一个固有特点，即能保证其实施的有效性，因为环环相扣的监督机制能确保企业内部各级管理者无法敷衍塞责。万一有人敷衍塞责，也会受这一机制的制约而得到纠正。

再者，由于制衡原则的核心是权力的平衡，而企业管理的权力又是企业运营的动力与起点，因此权力的平衡就可以使整个企业运营保持平衡。

另外，从本质上来说，权力平衡就是权力平等，因此这一制度本身蕴含着平等观念。平等观念一旦成为企业的管理理念，必将促成企业内部的和谐与稳定。

由此可见，如果权力的制衡与监督这一管理原则付诸实践，就可以使企业的运营避免失误，确保其管理制度的有效性、日常运营的平衡以及内部的和谐与稳定，这样的企业一定能够成功。

论说文：根据下述材料，写一篇 700 字左右的论说文，题目自拟。

生物学家发现雌孔雀往往选择尾巴大而艳丽的雄孔雀作为配偶，因为雄孔雀的尾巴越大越艳丽表明它越有生命活力，后代的健康越能得到保证。但是，这种选择也产生了问题：孔雀尾巴越大越艳丽，越容易被天敌发现和猎获，其生存反而会受到威胁。

2015 年写作真题

论证有效性分析：分析下述论证中存在的缺陷和漏洞，选择若干要点，写一篇 600 字左右的文章，对该论证的有效性进行分析和评论。（论证有效性分析的一般要点是：概念特别是核心概念的界定和使用是否准确并前后一致，有无各种明显的逻辑谬误，论证的论据是否成立并支持结论，结论成立的条件是否充分，等等。）

有一段时间，我国部分行业出现了生产过剩现象。一些经济学家对此忧心忡忡，建议政府采取措施加以应对，以免造成资源浪费，影响国民经济正常运行。这种建议看似有理，其实未必正确。

首先，我国部分行业出现的生产过剩并不是真正的生产过剩。道理很简单，在市场经济条件下，生产过剩实际上只是一种假象。只要生产企业开拓市场，刺激需求，就能扩大销售，生产过剩马上就会化解。退一步说，即使出现了真正的生产过剩，市场本身也会进行自动调节。

其次，经济运行是一个动态变化的过程，产品的供求不可能达到绝对的平衡状态，因而生产过剩是市场经济的常见现象。既然如此，那么生产过剩也就是经济运行的客观规律。因此，如果让政府采取措施进行干预，那就违背了经济运行的客观规律。

再说，生产过剩总比生产不足好。如果政府的干预使生产过剩变成了生产不足，问题就会更大。因为生产过剩未必会造成浪费，反而可以因此增加物资储备以应对不时之需。如果生产不足，就势必造成供不应求的现象，让人们重新去过缺衣少食的日子，那就会影响社会的和谐稳定。

总之，我们应该合理定位政府在经济运行中的作用。政府要有所为，有所不为。政府应该管好民生问题。至于生产过剩或生产不足，应该让市场自动调节，政府不必干预。

论说文：根据下述材料，写一篇 700 字左右的论说文，题目自拟。

孟子曾经引用阳虎的话："为富，不仁矣；为仁，不富矣。"（《孟子·滕文公上》）。这段话表明了古人对当时社会上为富、为仁现象的一种态度，以及对两者之间关系的一种思考。

2016 年写作真题

论证有效性分析：分析下述论证中存在的缺陷和漏洞，选择若干要点，写一篇 **600** 字左右的文章，对该论证的有效性进行分析和评论。（论证有效性分析的一般要点是：概念特别是核心概念的界定和使用是否准确并前后一致，有无各种明显的逻辑谬误，论证的论据是否成立并支持结论，结论成立的条件是否充分，等等。）

现在人们常在谈论大学毕业生就业难的问题，其实大学生的就业并不难。

据国家统计局数据，2012 年我国劳动年龄人口比 2011 年减少了 345 万，这说明我国劳动力的供应从过剩变成了短缺。据报道，近年长三角等地区频频出现"用工荒"现象，2015 年第二季度我国岗位空缺与求职人数的比率均为 1.06，表明劳动力市场需求大于供给。因此，我国的大学生其实还是供不应求的。

还有，一个人受教育程度越高，他的整体素质也就越高，适应能力就越强，当然也就越容易就业，大学生显然比其他社会群体更容易就业，再说大学生就业难就没有道理了。

实际上，一部分大学生就业难，是因为其所学专业与市场需求不相适应或对就业岗位的要求过高。因此，只要根据市场需求调整高校专业设置，对大学生进行就业教育以改变他们的就业观念，鼓励大学生自主创业，那么大学生就业难问题将不复存在。

总之，大学生的就业并不是什么问题，我们大可不必为此顾虑重重。

论说文：根据下述材料，写一篇 **700** 字左右的论说文，题目自拟。

亚里士多德说："城邦的本质在于多样性，而不在于一致性。……无论是家庭还是城邦，它们的内部都有着一定的一致性。不然的话，它们是不可能组建起来的。但这种一致性是有一定限度的。……同一种声音无法实现和谐，同一个音阶也无法组成旋律。城邦也是如此，它是一个多面体。人们只能通过教育使存在着各种差异的公民统一起来，组成一个共同体。"

2017 年写作真题

论证有效性分析：分析下述论证中存在的缺陷和漏洞，选择若干要点，写一篇 600 字左右的文章，对该论证的有效性进行分析和评论。（论证有效性分析的一般要点是：概念特别是核心概念的界定和使用是否准确并前后一致，有无各种明显的逻辑谬误，论证的论据是否成立并支持结论，结论成立的条件是否充分，等等。）

如果我们把古代荀子、商鞅、韩非等人的一些主张归纳起来，可以得出如下一套理论：

人的本性是"好荣恶辱，好利恶害"的。所以人们都会追求奖赏，逃避刑罚。因此拥有足够权力的国君只要利用赏罚就可以把国家治理好了。

既然人的本性是好利恶害的，那么在选拔官员时，既没有可能也没有必要去寻求那些不求私利的廉洁之士，因为世界上根本不存在这样的人。廉政建设的关键其实只在于任用官员之后有效地防止他们以权谋私。

怎样防止官员以权谋私呢？国君通常依靠设置监察官的方法，这种方法其实是不合理的。因为监察官也是人，也是好利恶害的。所以依靠监察官去制止其他官吏以权谋私就是让一部分以权谋私者去制止另一部分人以权谋私。结果只能使他们共谋私利。

既然依靠设置监察官的方法不合理，那么依靠什么呢？可以利用赏罚的方法来促使臣民去监督。谁揭发官员的以权谋私就奖赏谁，谁不揭发官员的以权谋私就惩罚谁，臣民出于好利恶害的本性就会揭发官员的以权谋私。这样，以权谋私的罪恶行为就无法藏身，就是最贪婪的人也不敢以权谋私了。

论说文：根据下述材料，写一篇 700 字左右的论说文，题目自拟。

一家企业遇到了这样的一个问题：究竟是把有限的资金用于扩大生产呢，还是用于研发新产品？有人主张投资扩大生产，因为根据市场调查，原产品还可以畅销三到五年，由此可以获得可靠而丰厚的利润。有人主张投资研发新产品，因为这样做虽然有很大的风险，但风险背后可能有数倍于甚至数十倍于前者的利润。

2018 年写作真题

论证有效性分析：分析下述论证中存在的缺陷和漏洞，选择若干要点，写一篇 600 字左右的文章，对该论证的有效性进行分析和评论。（论证有效性分析的一般要点是：概念特别是核心概念的界定和使用是否准确并前后一致，有无各种明显的逻辑谬误，论证的论据是否成立并支持结论，结论成立的条件是否充分，等等。）

哈佛大学教授本杰明·史华慈（Benjamin I. Schwartz）在二十世纪末指出，开始席卷一切的物质主义潮流将极大地冲击人类社会固有的价值观念，造成人类精神世界的空虚，这一论点值得商榷。

首先，按照唯物主义物质决定精神的基本原理，精神是物质在人类头脑中的反映。因此，物质丰富只会充实精神世界，物质主义潮流不可能造成人类精神世界的空虚。

其次，后物质主义理论认为：个人基本的物质生活一旦得到满足，就会把注意点转移到非物质方面，物质生活丰裕的人，往往会更注重精神生活，追求社会公平，个人尊严等。

还有，最近一项对某高校大学生的抽样调查表明，有 69％的人认为物质生活丰富可以丰富人的精神生活，有 22％的人认为物质生活和精神生活没有什么关系，只有 9％的人认为物质生活丰富反而会降低人的精神追求。

总之，物质决定精神，社会物质生活水平的提高会促进人类精神世界的发展，担心物质生活的丰富会冲击人类的精神世界，只是杞人忧天罢了。

论说文：根据下述材料，写一篇 700 字左右的论说文，题目自拟。

有人说，机器人的使命，应该是帮助人类做那些人类做不了的事，而不是代替人类。技术变革会夺取一些人低端烦琐的工作岗位，最终也会创造更高端更人性化的就业机会。例如，历史上铁路的出现抢去了很多挑夫的工作，但又增加了千百万的铁路工人。人工智能也是一种技术变革，人工智能也将促进未来人类社会的发展。有人则不以为然。

2019 年写作真题

论证有效性分析:分析下述论证中存在的缺陷和漏洞,选择若干要点,写一篇 600 字左右的文章,对该论证的有效性进行分析和评论。(论证有效性分析的一般要点是:概念特别是核心概念的界定和使用是否准确并前后一致,有无各种明显的逻辑谬误,论证的论据是否成立并支持结论,结论成立的条件是否充分,等等。)

有人认为选择越多越快乐,其理由是:人的选择越多就越自由,其自主性就越高,就越感到幸福和满足,所以就越快乐。其实,选择越多可能会越痛苦。

常言道:"知足常乐。"一个人知足了才会感到快乐。世界上的事物是无穷的,所以选择也是无穷的。所谓"选择越多越快乐",意味着只有无穷的选择才能使人感到最快乐。而追求无穷的选择就是不知足,不知足者就不会感到快乐,那就只会感到痛苦。

再说,在做出每一选择时,首先需要我们对各个选项进行考察分析,然后再进行判断决策。选择越多,我们在考察分析选项时势必付出更多的努力,也就势必带来更多的烦恼和痛苦。事实也正是如此。我们在做考卷中的选择题时,选项越多选择起来就越麻烦,也就越感到痛苦。

还有,选择越多,选择时产生失误的概率就越高,由于失误而产生的后悔就越多,因而产生的痛苦也就越多。有人因为飞机晚点而后悔没选坐高铁,就是因为可选交通工具多样而造成的。如果没有高铁可选,就不会有这种后悔和痛苦。

退一步说,即使其选择没有绝对的对错之分,也肯定有优劣之分。人们做出某一选择后,可能会觉得自己的选择并非最优而产生懊悔。从这种意义上说,选择越多,懊悔的概率就越大,也就越痛苦。很多股民懊悔自己没有选好股票而未赚到更多的钱,从而痛苦不已,无疑是因为可选购的股票太多造成的。

论说文:根据下述材料,写一篇 700 字左右的论说文,题目自拟。

知识的真理性只有经过检验才能得到证明。论辩是纠正错误的重要途径之一,不同观点的冲突会暴露错误而发现真理。

2020 年写作真题

论证有效性分析：分析下述论证中存在的缺陷和漏洞，选择若干要点，写一篇 600 字左右的文章，对该论证的有效性进行分析和评论。（论证有效性分析的一般要点是：概念特别是核心概念的界定和使用是否准确并前后一致，有无各种明显的逻辑谬误，论证的论据是否成立并支持结论，结论成立的条件是否充分，等等。）

北京将联手张家口共同举办 2022 年冬季奥运会，中国南方的一家公司决定在本地投资设立一家商业性的冰雪运动中心。这家公司认为，该中心一旦投入运营，将获得可观的经济效益，这是因为：

北京与张家口共同举办冬奥会，必然会在中国掀起一股冰雪运动热潮。中国南方许多人从未有过冰雪运动的经历，会出于好奇心而投身于冰雪运动。这正是一个千载难逢的绝好商机，不能轻易错过。

而且，冰雪运动与广场舞、跑步等不一样，需要一定的运动用品，例如冰鞋、滑雪板与运动服装等等。这些运动用品价格不菲而具有较高的商业利润。如果在开展商业性冰雪运动的同时也经营冬季运动用品，则公司可以获得更多的利润。

另外，目前中国网络购物已经成为人们的生活习惯。但相对于网络商业，人们更青睐直接体验式的商业模态，而商业性冰雪运动正是直接体验式的商业模态，无疑具有光明的前景。

论说文：根据下述材料，写一篇 700 字左右的论说文，题目自拟。

据报道，美国航天飞机"挑战者号"采用了斯沃克公司的零配件。该公司的密封圈技术专家博易斯乔利多次向公司提醒：低温会导致橡胶密封圈脆裂而引发重大事故。但是，这一意见一直没有受到重视。1986 年 1 月 27 日，佛罗里达州卡纳维拉尔角发射场的气温降到零摄氏度以下，美国宇航局再次打电话给斯沃克公司，询问其对航天飞机的发射还有没有疑虑之处。为此，斯沃克公司召开会议，博易斯乔利坚持认为不能发射。但公司高层认为他所持理由还不够充分，于是同意宇航局发射。1 月 28 日上午，航天飞机离开发射平台，仅过了 73 秒，悲剧就发生了。

2021 年写作真题

论证有效性分析：分析下述论证中存在的缺陷和漏洞，选择若干要点，写一篇 600 字左右的文章，对该论证的有效性进行分析和评论。（论证有效性分析的一般要点是：概念特别是核心概念的界定和使用是否准确并前后一致，有无各种明显的逻辑谬误，论证的论据是否成立并支持结论，结论成立的条件是否充分，等等。）

常言道："耳听为虚，眼见为实。"但实际"眼见未必为实"。

从哲学上讲，事物表象不等于事物真相。我们亲眼看到的显然不是事物真相。只有将表象加以分析，透过现象看本质才能看到真相。换言之，我们看到的未必是真实情况，即"所见未必为实"。

举例来说，人们都看到了旭日东升，夕阳西下，也就是说，太阳绕地球转。但是，只是人们站在地球上看的表象而已，其实这是地球自转造成的。由此可见，眼见者未必实。

我国古代哲学家老子早就看到了这一点。他说过，人们只看到了房子的"有"（有形的结构），但人们没看到"无"（房子中无形的空间）才有实际效用。这也说明眼所见者未必实，未见者为实。

老子还说，讲究表面的礼节是"忠信之薄"的表现。韩非解释时举例说，父母和子女因为感情深厚而不讲究礼节，可见讲究礼节是感情不深的表现。现在人们把那种客气的行为称作"见外"，也是这个道理。这其实也是一种"眼所见者未必实"的现象。因此，如果你看到有人对你很客气，就认为他对你好，那就错了。

论说文：根据下述材料，写一篇 700 字左右的论说文，题目自拟。

我国著名实业家穆藕初在《实业与教育之关系》中指出教育最重要之点在道德教育（如责任心和公共心之养成、机械心之拔除）和科学教育（如观察力、推论力、判断力之养成）。完全受此两种教育，实业中坚者遂出之。

2022 年写作真题

论证有效性分析：分析下述论证中存在的缺陷和漏洞，选择若干要点，写一篇 600 字左右的文章，对该论证的有效性进行分析和评论。（论证有效性分析的一般要点是：概念特别是核心概念的界定和使用是否准确并前后一致，有无各种明显的逻辑谬误，论证的论据是否成立并支持结论，结论成立的条件是否充分，等等。）

默默无闻、无私奉献，虽然是人们尊崇的德行，但这种德行其实不能成为社会的道德精神。

一种德行必须借助大众媒体的传播，让大家受其感染，并化为自觉意识，然后才能成为社会的道德精神。但是，无私奉献的精神所赖以存在的行为特点是不事张扬、不为人知。既然如此，它就得不到传播，也就不可能成为社会的道德精神。

退一步讲，无私奉献的善举经媒体大力宣传后为更多的人所了解，这就从根本上使这一善举失去了默默无闻的特性。既然如此，这一命题就无从谈起了。

再者，默默无闻的善举一旦被媒体大力宣传，当事人必然会受到社会的肯定与赞赏，而这就是社会对他的回报，既然他从社会得到了回报，怎么还可以说是无私奉献呢？

由此可见，默默无闻、无私奉献的德行注定不可能成为社会的道德精神。

论说文：根据下述材料，写一篇 700 字左右的论说文，题目自拟。

鸟类会飞是因为它们在进化中不断优化了其自身的结构。飞行是一项较为特殊的运动，鸟类的躯体进化成了适合飞行的流线型；飞行也是一项需要付出高能量代价的运动，鸟类增强了翅膀、胸肌部位的功能，又改进了呼吸系统，以便给肌肉持续提供飞行。同时，鸟类在进化过程中舍弃了那些沉重的、效率低的身体部件。

附录三 396 经济类联考写作历年真题

2011 年写作真题

论证有效性分析:分析下述论证中存在的缺陷和漏洞,选择若干要点,写一篇 600 字左右的文章,对该论证的有效性进行分析和评论。(论证有效性分析的一般要点是:概念特别是核心概念的界定和使用是否准确并前后一致,有无各种明显的逻辑谬误,论证的论据是否成立并支持结论,结论成立的条件是否充分,等等。)

从今年开始,教育部、国家语委将在某些城市试点推出一项针对国人的汉语水平考试——"汉语能力测试(HNC)"。该测试主要考以汉语为母语的人的听、说、读、写四方面的综合能力,并将按照难度分为各个等级,其中,最低等级相当于小学四年级水平(扫盲水平),最高等级相当于大学中文专业毕业水平。考生不设职业、学历、年龄限制,可直接报考。公众对于这项新事物,支持和反对的意见都有。

支持者认为,在世界各地掀起学习汉语的热潮的今天,孔子学院遍地开花,俨然一个"全世界都在说中国话"的时代就要来临。但是国人的汉语能力,如提笔忘字、中英文混杂、网络用语不规范等现象普遍存在。目前大家都感到母语水平下降,但是对差到何种程度,差在哪里,怎么入手解决,无人能言。而汉语能力测试有一个科学的评测标准,可以帮助应试者了解其汉语水平在特定人群、地域中的位置。这样的测试一定会唤起大家对母语文化的重视。

以下几种是有代表性的反对观点:

观点一,汉语学习更多的是培养一种读书氛围,养成良好的阅读习惯,不能太功利;汉语要保存,要维系,需要培养的是修养而不是一种应试能力;在当前汉语衰退的环境下,要让汉语重新"热"起来,应从维系汉语文化的长远发展着手,营造一种大众的、自由的、向上的母语学习环境。

观点二,中国的孩子在中国的土地上学习母语有完整的教育体系,在这种情况下,这项测试的诞生不仅是一种浪费,还严重干扰了当前的汉语教学;汉语的综合水平量化,就是使得原来丰富生动的语言扭曲化、简陋化。

观点三,对于把汉语作为母语的中国人说,汉语会用会说就可以了,不是人人都要成为作家,汉语类的能力测试更适合外国人来考。

论说文:根据下述材料,写一篇 700 字左右的论说文,题目自拟。

自 2007 年以来,青年学者廉思组织的课题组对"蚁族"进行了持续跟踪调查。廉思和他的团队撰写的有关"蚁族"问题的报告多次得到中央领导的批示和高度重视。在 2008 年、2009 年对北京"蚁族"进行调查的基础上,课题组今年在"蚁族"数量较多的北京、上海、广州、武汉、西安、重庆、南京等大城市同时展开调查,历时半年有余,发放问卷 5000 余份,回收有效问卷

4807 份，形成了第一份全国范围的"蚁族"生存报告。此次调查有一些新发现，主要有：随着高校毕业生就业形势的日趋严峻，"蚁族"的学历层次上升；"蚁族"向上流动困难；"三十而离"；五成"蚁族"否认自己属于弱势群体等。

2012 年写作真题

论证有效性分析: 分析下述论证中存在的缺陷和漏洞,选择若干要点,写一篇 600 字左右的文章,对该论证的有效性进行分析和评论。(论证有效性分析的一般要点是:概念特别是核心概念的界定和使用是否准确并前后一致,有无各种明显的逻辑谬误,论证的论据是否成立并支持结论,结论成立的条件是否充分,等等。)

2010 年 9 月 17 日北京发生"惊天大堵"。当日,北京一场细雨,长安街东西双向堵车,继而蔓延至 143 条路段严重堵车,北京市交管局路况实时显示图几乎通盘红色。央视著名主持人白岩松以"令人崩溃""惨不忍睹"的字眼来形容。全国工商联房地产商会理事陈保存在接受媒体采访时称,北京"首堵"已成常态,不"迁都"已经很难改变城市的路况。

12 月 13 日,上海学者沈晗耀在接受媒体采访时表示:要解决北京集中爆发的城市病,迁都是最好的选择,并提出未来的新首都应选在湖南岳阳或河南信阳。有人将其表述称之为"迁都治堵"。12 月 15 日,沈晗耀告诉《郑州晚报》记者,媒体"曲解"了他迁都的本意,他的设想是在中部与西部,南方和北方连接处的枢纽地区建设"新首都",培育符合市场经济规律的"政策拉力",以此根本改变中国生产力分布失衡的状况。治疗北京日益严重的城市病,只是迁都后的一个"副作用"。

沈晗耀说,他所认为的新都选址,不应该是一个已经成型的大中型城市,而是再造一个新城。与大多数建议者一样,沈晗耀将"新都"的选址定在了中原地区或长江流域,较好的两个迁都地址,"一个是湖南岳阳,一个是河南信阳。距离武汉二三百公里的地方都是最佳的选择。"他的理由是,这些地方水资源充沛、交通便利、地势平坦。更重要的理由是,迁都能够带动中西部的发展,有利于经济重心的转移。

其实,1980 年就有学者提出将首都迁出北京的问题。1986 年,又有学者提出北京面临迁都的威胁,一度引起极大的震动。2006 年,凶猛夹袭的沙尘暴将"迁都"的提议推向高潮。当年 3 月,参加全国人大会议的 479 名全国人大代表,联名向全国人大常委会提出议案,要求将首都迁出北京。此后,北京理工大学教授胡星斗在网上发出酝酿已久的迁都建议书:"中国北方的生态环境已经濒临崩溃。我们呼吁:把政治首都迁出北京,迁到中原或南方。"并上书中央、全国人大、国务院,建议分都、迁都和修改宪法。2008 年民间学者秦法展和胡星斗合作撰写了长文《中国迁都动议》,提出"一国三都"构想,即选择佳地建立一个全新的国家行政首都,而上海作为国家经济首都,北京则只留文化智能,作为文化科技首都。

网络上,关于迁都引发的争议,依旧在热议,甚至已有"热心人士"开始讨论新首都如何命名。但现实是,每一次环境事件都会引发民间对于迁都的猜想和讨论,不过,也仅仅限于民间。

论说文: 根据下述材料,写一篇 700 字左右的论说文,题目自拟。

中国大陆 500 毫升茅台价格升至 1 200 元,美国纽约华人聚居区华盛顿 1 000 毫升装的同度数茅台价格为 220 至 230 美元,500 毫升约合 670 元人民币。因海外茅台价格便宜,质量有保证,华人竞相购买,或送人。

这些年，中国游客在海外抢购"MADE IN CHINA"商品的消息已不是什么新鲜事了。服装、百货、日用品，中国造的东西，去了美国反而更便宜。有媒体报道 Levi's505 牛仔裤，广东东莞生产，在中国商场的价格是 899 元人民币，在美国的亚马逊网站的价格是 24.42 美元，合人民币 166 元，价格相差 5.47 倍。

2013 年写作真题

论证有效性分析：分析下述论证中存在的缺陷和漏洞，选择若干要点，写一篇 600 字左右的文章，对该论证的有效性进行分析和评论。（论证有效性分析的一般要点是：概念特别是核心概念的界定和使用是否准确并前后一致，有无各种明显的逻辑谬误，论证的论据是否成立并支持结论，结论成立的条件是否充分，等等。）

是否应该彻底取消"黄金周"？

1999 年 10 月开始实行的"黄金周"休假制度，在拉动经济、为国人带来休闲度假新概念的同时，也暴露出很多问题。因此，于 2006 年起，陆续有人提出取消"黄金周"的建议。2008 年，"五一"黄金周取消，代之以清明、端午、中秋等传统节日"小长假"。2012 年"国庆黄金周"后，彻底取消"黄金周"的声音再次引起公众的注意。

支持取消者认为：第一，"黄金周"造成了景区混乱和资源调配不合理，浪费社会资源、打乱正常生活秩序，不利于经济长期可持续发展。第二，"黄金周"人为地将双休日挪在一起，使大家不得不连续休假七天，同时要连续工作七天，这在很大程度上是一种"被放假"的安排。体现了一种群众运动式的思维，是计划经济的产物，不符合自主消费的原则。第三，当初实行"黄金周"是一种阶段性的考虑，随着带薪休假制度的落实，应该彻底取消"黄金周"。

反对取消者则认为：第一，"黄金周"对旅游业的成熟和发展起到了极大的促进作用，对经济的拉动也功不可没。任何事物都有利有弊，不能只看到弊端就彻底取消。第二，随着消费者出游经验的不断丰富，旅游消费必将更加理性。错峰出游、路线选择避热趋冷等新的消费习惯会使一些现有问题得到解决。第三，目前我国可享受带薪休假的职工仅有三成，年假制度不能落实，"被放假"毕竟比"被全勤"好，实在的"黄金周"毕竟要比虚无缥缈的带薪休假更加现实。

论说文：根据下述材料，写一篇 700 字左右的论说文，题目自拟。

被誉为清代"中兴名臣"的曾国藩，其人生哲学很独特，就是"尚拙"。他曾说："天下之至拙，能胜天下之至巧。"拙者自知不如他人，自便会更虚心；不懂取巧，自便会更用功。结果，"拙"看起来虽慢，其实却最快。正是与众不同的"尚拙"，成就了曾国藩非同一般的人生智慧。

2014 年写作真题

论证有效性分析：分析下述论证中存在的缺陷和漏洞，选择若干要点，写一篇 600 字左右的文章，对该论证的有效性进行分析和评论。(论证有效性分析的一般要点是：概念特别是核心概念的界定和使用是否准确并前后一致，有无各种明显的逻辑谬误，论证的论据是否成立并支持结论，结论成立的条件是否充分，等等。)

如何看待高考英语改革？

2013 年 10 月，北京市教育委员会公布的《2014—2016 年高考高招改革框架方案》(征求意见稿)显示，从 2016 年起该市高考语文由 150 分增至 180 分，数学仍为 150 分；英语由 150 分减为 100 分，其中听力占 30 分，阅读写作等占 70 分。这一举措引发了各方对高考改革的热烈讨论。

支持者的理由如下。第一，语文高出英语分值 80 分，有助于强化母语教育，因为不少学生对外语所投入的时间、精力和金钱远远超过语文。第二，母语是学习的基础，只有学好母语才能学好包括英语在内的其他科目。第三，很多中国人从幼儿园就开始学习英语，但除了升学、求职、升职经常需要考英语，普通人在工作、生活中很少用到外语。第四，此举可以改变现有忽略口头表达的英语教学的状况，突出英语作为语言的实际应用作用。

反对者的理由如下。第一，没必要那么重视语文，因为我们就生活在汉语环境中，平时说的、看的都是汉语，喊着"救救汉语"的人实在是杞人忧天。第二，普通人学习英语时不可能像学习母语时那样"耳濡目染"，若还要在学校里弱化英语教学，那么英语就更难学好了。第三，中学生学习负担沉重并不全是因为英语，英语改革需要有周密的调研，高考改革也应从全局考虑。第四，这一举措把中小学英语教学负担推给了大学，并没有考虑到学生今后的发展。因为学生读大学时还得参加四六级英语考试，而检验教育成果的一个重要方面就是学生以后的就业情况。

论说文：根据下述材料，写一篇 700 字左右的论说文，题目自拟。

我懂得了，勇气不是没有恐惧，而是战胜恐惧。勇者不是感觉不到害怕的人，而是克服自身恐惧的人。

——南非前总统纳尔逊·曼德拉

2015 年写作真题

论证有效性分析：分析下述论证中存在的缺陷和漏洞，选择若干要点，写一篇 600 字左右的文章，对该论证的有效性进行分析和评论。（论证有效性分析的一般要点是：概念特别是核心概念的界定和使用是否准确并前后一致，有无各种明显的逻辑谬误，论证的论据是否成立并支持结论，结论成立的条件是否充分，等等。）

如何解决网络假货问题？

2014 年 11 月，中国互联网大会，阿里巴巴集团董事局主席马云和京东集团创始人刘强东，围绕网络假货问题各自发表了看法。

刘强东已多次指责淘宝"假货"和"逃税"问题，大会开幕前在接受媒体采访时，也直言不讳：中国互联网假货流行已严重影响消费者网购信心，这是整个电子商务行业最重要的"瓶颈"。目前，网络售卖假货、水货的大多是大型的有组织化的，动辄千万、几个亿规模的公司。

阿里巴巴董事长马云高调回击了刘强东："你想想，25 块钱买一个劳力士表，这是不可能的，原因是你自己太贪。"他指出：卖假货的商家害怕在淘宝上卖假货，阿里巴巴很容易就可以查出谁在卖。近一两年中国电商发展迅猛，若靠假货，每天的交易额不可能达到六七十亿。阿里巴巴每年支出逾 1 610 万美元用来打击假货，打假行动也获得了国际上的认可，所以，美国贸易代表将淘宝从 2012 年恶名市场名单中移除。

刘强东指出解决网络假货问题要依靠行业合作，政府监管。他建议一方面要在整个电子商务行业推广使用电子发票，另一方面，推动卖家进行电子工商注册。政府各部门联合起来加强跨平台联合监管共同打击有组织有规模的假货公司。此外，他认为解决互联网假货问题要从征税根源问题上进行，一方面要提高电商营业额起征点到 100 万元，另一方面，日常营运人数达百人以上的大商家要注册电子工商营业执照，并规定使用电子发票。

马云认为，解决网络假货问题要依靠生态系统和大数据。互联网技术为知识产权保护和打击制售假冒伪劣商品提供了便利条件。生态系统建设和大数据技术能够快速找出假货问题，在信用体系中弘扬正能量，从而有效地解决假货问题。马云还补充说，阿里巴巴集团正在建设一个互联网生态系统，该系统对知识产权保护和解决假货问题最有效。

论说文：根据下述材料，写一篇 700 字左右的论说文，题目自拟。

孔子云："求其上者得其中，求其中者得其下，求其下者无所得。"由此得出如何确定你的人生目标。

2016 年写作真题

论证有效性分析：分析下述论证中存在的缺陷和漏洞，选择若干要点，写一篇 600 字左右的文章，对该论证的有效性进行分析和评论。（论证有效性分析的一般要点是：概念特别是核心概念的界定和使用是否准确并前后一致，有无各种明显的逻辑谬误，论证的论据是否成立并支持结论，结论成立的条件是否充分，等等。）

在我们国家，大多数证书都是有有效期的。不要说驾照、营业执照等年年要年审的证书了，连身份证也是有个十年或二十年期更换的规定，然而我们的结婚证书，都是不需要年审、不需要换证的。

我认为结婚证书也应有有效期。新领的，有效期七年；到期后，需重新到民政部门去办理续存手续，续存十年，十年之后，就可不用办存数手续了。为什么呢？

首先，男女双方能定期审视自己的婚姻生活。通过办理证书续存手续，男女双方能够有机会好好审视一下双方结合以来的得与失，从而问一下自己：我还爱他吗？他还爱我吗？自己的婚姻有没有必要再延续呢？通过审视，就能很好发现自己在上个婚期内有没有亏待过对方，这对今后的婚姻无疑大有益处。

其次，让双方再说一遍"我愿意"，提高夫妻各自的责任感。从热恋的激情甜蜜到婚姻中的熟悉平淡，这似乎是大多数情感的必经过程，然而疲惫的情感却容易使婚姻进入"瓶颈"。经过一段时期的婚期考验后，在办理婚姻二次手续时再向对方说一声"我愿意"，无疑更显真诚、更显实在、更多理性、更能感动对方，即使以前共同生活中有很多磕磕绊绊，但一句"我愿意"相信可以消除掉许多误会和猜疑；新婚时说的"我愿意"，有太多的理想感伤，而一段婚姻后再说"我愿意"，不光更具真情实意，更重要的还具有更强的责任感；你不对我负责，我到期就跟你说再见。

第三，让一些垂死的婚姻自然死亡，减少许多名存实亡的婚姻的存在，降低离婚成本。现在很多家庭，即使双方恐怕已经彻底破裂，却因多种原因而维系着，维系的最主要原因就是不愿去法院打官司，而通过这种婚姻到期续存，就没必要一定要通过办理离婚手续才可离婚，只要有一方说"我不愿意"，就没有婚姻关系了，这样将使更多对婚姻抱着"好死不如赖活着"想法的人，能够轻松获得解脱。

论说文：根据下述材料，写一篇 700 字左右的论说文，题目自拟。

自从国家拟推出延迟退休政策以来，就受到了社会各界的广泛关注，同时也引起激烈的争论。为什么要延长退休年龄？赞成者说，如果不延长退休年龄，养老金就会出现巨大缺口；另外，中国已经步入老年社会，如果不延长退休年龄，就会出现劳动力紧缺的现象。反对者说，延长退休年龄就是剥夺劳动者应该享受的退休福利，退休年龄的延长意味着领取养老金时间的缩短。另外，退休年龄的延长也会给年轻人就业造成巨大压力。

2017 年写作真题

论证有效性分析：分析下述论证中存在的缺陷和漏洞，选择若干要点，写一篇 600 字左右的文章，对该论证的有效性进行分析和评论。（论证有效性分析的一般要点是：概念特别是核心概念的界定和使用是否准确并前后一致，有无各种明显的逻辑谬误，论证的论据是否成立并支持结论，结论成立的条件是否充分，等等。）

我们知道，如果市场规模扩大，最终产品的需求将是巨大的，采用先进技术进行生产的企业，因为产品是高附加值的，所以投资回报率高，工人的工资报酬也高。如果工人遇到的工资报酬高，那么所有的工人都会争先恐后选择在采用先进技术生产的企业工作，这样一来，低技术、低附加值、低工资的劳动密集型企业就会自动淘汰出局了，市场上最终生存下来的都是采用先进技术的高新技术企业。

相反地，如果市场规模狭小，最终产品的需求非常小，而且采用先进技术的成本很高，生产出来的高技术产品根本无人问津，企业无利可图，因此没有一家企业愿意采用先进技术进行生产。这时工人即使拥有高技术，也会发现英雄无用武之地。最终，市场上剩下的都是低技术、低附加值、低工资的劳动密集型企业了。

由此可见，市场规模决定了先进技术的采用与否。没有大的市场规模就别指望涌现高新的技术企业。中国不仅拥有庞大的国内市场，而且拥有更庞大的国际市场，所以大可不必为中国低技术、低附加值、低工资的劳动密集型企业担心，更不要大动干戈搞什么产业结构升级，政府应该采取"无为而治"的方针，让市场去进行"自然选择"，决定什么样的企业最终存活下来。所以，政府要做的唯一事情就是促进大市场，只要市场做大了，就什么都不用发愁了。

论说文：根据下述材料，写一篇 700 字左右的论说文，题目自拟。

国家是否应该对穷人提供福利存在较大的争论。反对者认为：贪婪、自私、懒惰是人的本性。如果有福利，人人都有都想获取。贫穷在大多数情况下是懒惰造成的。为穷人提供福利相当于把努力工作的人的财富转移给了懒惰的人。因此，穷人不应该享受福利。

支持者则认为：如果没有社会福利，穷人则没有收入，就会造成社会动荡，社会犯罪率会上升，相关的合理支出也会增多。其造成的危害可能大于提供社会福利的成本，最终也会影响努力工作的人的利益。因此，为穷人提供社会福利能够稳定社会秩序，应该为穷人提供福利。

2018 年写作真题

论证有效性分析：分析下述论证中存在的缺陷和漏洞，选择若干要点，写一篇 600 字左右的文章，对该论证的有效性进行分析和评论。（论证有效性分析的一般要点是：概念特别是核心概念的界定和使用是否准确并前后一致，有无各种明显的逻辑谬误，论证的论据是否成立并支持结论，结论成立的条件是否充分，等等。）

　　市场竞争有利于谁？有些人认为有利于消费者，在市场中不同的商家为了各自的利益相互斗争，从客观上为第三方——消费者带来好处。因为他们在竞争中互相压价，使消费者得到便宜。

　　非常肯定地说，这种在把生产者与消费者相互割裂基础上的观点是极其错误的。消费者是谁？在现代社会，消费者不是什么第三者，他们之所以有消费能力，是因为他们作为公司的员工获得报酬。市场的主导消费是谁？也是在单位默默工作，以获得收入的劳动雇佣人。消费者即生产者。在市场竞争中，还会是与消费者毫无切身利益关系吗？还会是消费者占得便宜吗？

　　两家电器公司价格大战，我作为 IT 公司的员工，感到占便宜，因为电器价格下降了，但是对于电器公司呢？价格战使利润率降低，使电器公司的员工丧失了提高工资的可能。利润是公司再投资的来源，也是工资的来源，这损害了相关竞争公司的员工利益。我在为电器公司竞争感到占便宜的同时，IT 公司之间也在竞争，我如同那个电器公司的员工一样恨自己的公司因许多竞争对手无法独占或大部分占领市场。所以谁也没有占便宜，因为市场竞争是普遍的。总的来说，市场竞争受益者是消费者是个伪命题。

　　那么市场竞争真正的受益者是谁？是那些能在市场竞争中取得优势的社会集团，而其中大部分是处于劣势的。总是大多数，他们只食较小的利润份额。那么，他们的员工就要承担竞争不利的威胁——降低薪水。他们的境遇越是恶化，那么他们的员工的购买力就越低。但是，处于竞争劣势中的总是大多数公司的员工，他们是消费者中的主力军。

　　总之，市场竞争有利于占据竞争优势的行业的员工——当他们作为消费者的时候，购买力会加强；不利于竞争劣势中的行业的员工——他们同样作为消费者存在的时候，购买力就弱。市场竞争只是私有制条件下各市场主体利益相互对抗的产物，本身便是内耗，将一种混乱和内耗罩上有利于消费者的光环，根本是靠不住的。

论说文：根据下述材料，写一篇 700 字左右的论说文，题目自拟。

　　近期有报道称，某教授颇喜穿金戴银，全身上下都是世界名牌，一块手表价值几十万，所有的衣服和鞋子都是专门定制，价格不菲。他认为对"好东西"的喜爱没啥好掩饰的。"以前很多大学教授都很邋遢，有些人甚至几个月都不洗澡，现在时代变了，大学教授应多注意个人形象，不能太邋遢了。"

2019 年写作真题

论证有效性分析：分析下述论证中存在的缺陷和漏洞，选择若干要点，写一篇 600 字左右的文章，对该论证的有效性进行分析和评论。（论证有效性分析的一般要点是：概念特别是核心概念的界定和使用是否准确并前后一致，有无各种明显的逻辑谬误，论证的论据是否成立并支持结论，结论成立的条件是否充分，等等。）

Alpha go（阿尔法狗）是谷歌旗下的 DeepMind 公司开发的智能机器人，其主要工作原理是深度学习。2016 年 3 月，它和世界围棋冠军职业九段选手李世石人机大战，以 4 比 1 的总比分获胜。2017 年 5 月，在中国乌镇围棋峰会上，它又与排名世界第一的世界围棋冠军柯洁对战，以 3 比 0 的总比分获胜。围棋界公认 Alpha go 棋力已经超过人类排名第一的棋手柯洁，赛后柯洁也坦言："在我看来，它（A）就是围棋上帝，能够打败一切……对于 Alpha go 的自我进步来讲，人类太多余了。"

的确，在具有强大自我学习能力的 Alpha go 面前，人类已黯然失色，显得十分多余了。未来机器人将变得越来越聪明。什么是聪明？聪明就是记性比你好，算得比你快，体力比你强。这三样东西，人类没有一样可跟机器人相提并论。因此，毫无疑问，Alpha go 宣告人类一个新时代的到来。现在一些饭店商店已经有机器人迎宾小姐，上海的一些高档写字楼已经由机器人送餐。日本已诞生了全自动化的宾馆，由清一色的机器人充当服务生。除了上天入地，还干许多人类干不了的活，机器人还可以进行难度更高、更大，精确度更高的手术，它们还会书法、绘画、创作诗歌小说等，轻而易举进入这些原本人类专属的领域。迈入人工智能化时代，不只是快递小哥，连教师、医生甚至是艺术家要被智能机器人取代了！

现在，我们正处在信息成几何级数增长的大数据包围中，个人的知识量如沧海一粟，显得无足轻重。过去重视学习基础知识的算法，如让小孩学习加减乘除，背诵默写古诗词等，已经变得毫无意义。你面对的是海量数据，关键不是生产而是使用它们，只要掌握如何搜索就行，网络世界没有你问不到的问题、搜索不到的信息和数据。一鼠标在手，你就可以畅行天下，尽享天下了。可以说，在这样的时代，人的唯一价值在于创新，所以教育的改革在于培养具有独立思考能力，具有批判性思维、创新性思维的人。注重创新，创造，创意，这是人唯一能超越机器人的地方了。

Alpha go 战胜围棋高手，只是掀开冰山一角，可以断言的是，随着人工智能时代的到来，人类即将进入一个由机器人统治的时代，人不如狗，绝非危言耸听，如果我们不愿冒被机器人统治的风险，最好的办法是把已有的人工智能全部毁掉，同时颁布法律明令禁止，就像禁止多利羊的克隆技术应用在人类身上一样。

论说文：根据下述材料，写一篇 700 字左右的论说文，题目自拟。

法国科学家约翰·法伯曾做过一个著名的"毛毛虫实验"。这种毛毛虫有一种"跟随者"的习性，总是盲目地跟着前面的毛毛虫走。法伯把若干个毛毛虫放在一只花盆的边缘上，首尾相接，围成一圈。他在花盆周围不远的地方，撒了一些毛毛虫喜欢吃的松叶。毛毛虫开始一个跟一个,绕着花盆,一圈又一圈地走。一个小时过去了,一天过去了,毛毛虫们还在不停地、固执地团团转。一连走了七天七夜,终因饥饿和筋疲力尽而死去。其中,只要任何一只毛毛虫稍稍与众不同,便立刻会吃到食物,改变命运。

2020 年写作真题

论证有效性分析:分析下述论证中存在的缺陷和漏洞,选择若干要点,写一篇 600 字左右的文章,对该论证的有效性进行分析和评论。(论证有效性分析的一般要点是:概念特别是核心概念的界定和使用是否准确并前后一致,有无各种明显的逻辑谬误,论证的论据是否成立并支持结论,结论成立的条件是否充分,等等。)

在漫长的发展过程中,金融机构和金融功能逐步形成和完善,但相比金融机构的发展演化,金融功能作为核心和基础则表现得更为稳定,主要表现为提供支付、资产转化、风险管理、信息处理和监督借款人等方面。近些年来金融科技发展突飞猛进,金融业产生了革命性的变化。

数百年来金融业有了很大变化,但金融功能比金融机构更具稳定性。在金融需求推动下,如今的金融规模总量更大、结构更复杂。金融科技发展带来的开放、高效、关联、互通,使金融风险更隐蔽、传递更迅速。互联网的普及为场景金融带来了庞大的用户基础,移动支付技术的发展为各式线上、线下金融场景的联动提供了更多的可能;风控技术的进步使得金融安全性得以保障;大数据技术则为整个场景金融生态的良性运转提供着关键性的技术支持。场景金融成为金融功能融合加速器。通过场景平台上将金融四项功能融为一体,或集成于一个手机。人与商业的关系迈入了"场景革命",供给、需求方便地通过"场景"建立连接,新场景正层出不穷地被定义,新平台不断被新需求创造,新模式不断在升级重塑。

当前金融机构对于金融服务的供给力度仍然不足,特别是长尾客户的金融需求一直以来未被有效满足,巨大的服务真空为金融科技带来机会。通过金融科技技术运用,打破传统的金融边界线和竞争格局,创造出新的业务产品、渠道和流程,改变金融服务方式及社会公众的生活方式,解决传统金融的痛点;提高在传统业务模式下容易被忽视的微型企业客户的服务供给,将掀开金融竞争和金融科技发展的新的一幕。对于发展中小企业业务、消费金融和普惠金融意义重大。所以,金融科技发展与支持实体经济发展必须要结合,实现"普"和"惠"的兼顾。

论说文:根据下述材料,写一篇 **700 字**左右的论说文,题目自拟。

2018 年,武汉一名退休老人向家乡木兰县教育局捐赠 1000 万元,引起了广泛的关注。这笔巨款是马旭与丈夫一分一毫几十年积攒下来的,他们至今生活简朴,住在一个不起眼的小院里,家里没有一件像样的家具。

马旭 1932 年出生于黑龙江省木兰县,1947 年参军入伍,在东北军政大学学习半年后,成为解放军第四野战军的一名卫生员,先后参加过解放战争、抗美援朝战争,期间多次立功受奖。20 世纪 60 年代,她被调入空降兵部队,成为一名军医,后来主动要求学习跳伞,成为新中国第一代女空降兵。此后 20 多年里,马旭跳伞多达 140 多次,创下空降女兵跳伞次数最多和年龄最大两项纪录。

如今,马旭的事迹家喻户晓,许多地方邀请她参加各类活动,她大多婉拒。她说:"我的一生都是党和部队给的,我只是做了我力所能及的事。只要活着,我们还会继续攒钱捐款,把自己的一切献给党和国家。"

2021 年写作真题

论证有效性分析：分析下述论证中存在的缺陷和漏洞，选择若干要点，写一篇 **600** 字左右的文章，对该论证的有效性进行分析和评论。（论证有效性分析的一般要点是：概念特别是核心概念的界定和使用是否准确并前后一致，有无各种明显的逻辑谬误，论证的论据是否成立并支持结论，结论成立的条件是否充分，等等。）

人们受骗上当的事时有发生，乃至有人认为如今的骗术太高明而无法根治。其实，如今要根治诈骗并不难。

首先，从道理上讲，正义终将战胜邪恶，这是历史已证明的规律。诈骗是一种邪恶的行为，最终必将被正义的力量彻底消灭。既然如此，诈骗怎么不能根治呢？

其次，很多诈骗犯虽然骗术高明，但都被绳之以法，这说明在法治社会中，诈骗犯根本无处藏身。这样，谁还敢继续行骗呢？没有人敢继续行骗，诈骗不是被根治了吗？

再次，还可以通过全社会的防范来防止诈骗的发生。诈骗的目的，无非是想骗取钱财。凡是要你花钱的事情，你都要慎重考虑。例如，有些投资公司建议你向他们投资，有些机构推荐你参加高消费的培训，有些婚恋对象向你借巨款。诸如此类，其实都不靠谱。所有的人如果都不相信这些话，诈骗就无法得逞。诈骗无法得逞，不就是被根治了吗？如果建立更加有效的防范机制，根治诈骗就更容易了。

总之，无论从道理上讲，还是从行骗者或被骗者的角度来看，如今要根治诈骗根本就不是难事。

论说文：根据下述材料，写一篇 **700** 字左右的论说文，题目自拟。

巴西热带雨林中的食蚁兽在捕食时，使用带黏液的长舌伸进蚁穴捕获白蚁，但不管捕获多少，每次捕食都不超过 3 分钟，然后去寻找下一个目标，从来不摧毁整个蚁穴。而那些没有被食蚁兽捕获的工蚁就会修复蚁穴，蚁后也会开始新一轮繁殖，很快产下更多的幼蚁，从而使蚁群继续生存下去。

2022 年写作真题

论证有效性分析：分析下述论证中存在的缺陷和漏洞，选择若干要点，写一篇 600 字左右的文章，对该论证的有效性进行分析和评论。（论证有效性分析的一般要点是：概念特别是核心概念的界定和使用是否准确并前后一致，有无各种明显的逻辑谬误，论证的论据是否成立并支持结论，结论成立的条件是否充分，等等。）

国内发布一项国人阅读方式的调查报告显示，大城市数字阅读率不断地增长，这说明数字阅读正在改变国人的阅读习惯，即将成为国人主要的阅读方式。

数字阅读比较传统的纸质阅读有绝对的优势。各类的电子阅读器在实体店和网上比比皆是，人们可以很方便地购买和使用；互联网时代全球信息一体化，人们也可以充分地使用丰富的资源，这无疑加速了数字阅读的发展。

另外，为满足受众的需求，电子类的报纸、杂志、书籍也在快速地增加，甚至古籍也在飞速地以数字化体现。大量的事实佐证了，传统的纸质阅读将很快被人们舍弃而寿终正寝。

论说文：根据下述材料，写一篇 700 字左右的论说文，题目自拟。

国内不少地方规定，老年人可以免费乘坐交通工具。这一规定体现了对老年人的关怀，但是这一规定的实施也出现了不少问题。比如早晚高峰，老年人免费乘坐公共交通会影响到上班族的通勤。还有，有些老年人因为各种原因无法享受到这个福利，有的地方把老年人免费乘坐公共交通这一福利改变为发放津贴。